타이난 골목
노포 산책

낭만이 깃든 작고 오래된 가게 노포 탐방기

천구이팡 글·그림
심혜경·설시혜 옮김

페이퍼스토리

일러두기
1. 본문 중 ( ) 안은 용어, 인물, 사건의 이해를 돕기 위한 옮긴이의 설명입니다.
2. 인명과 지명은 '외래어표기법'을 참조해 표기했으나 되도록 현지 발음에 가깝게 표기하는 것을 원칙으로 했습니다.

오래된 낭만이 깃든
타이난의 골목골목을 걸으며
도시와 함께 나이든 백 년 가게
노포를 그렸습니다.

친애하는 사장님들 덕분에
타이난이 더욱 사랑스러워졌습니다.

추천의 말
한 손에는 붓, 한 손에는 젓가락

대만 남부에 위치한 타이난台南은 오랜 역사를 지닌 도시인 만큼 도시 곳곳이 매력적인 정취를 풍긴다. 특히 오래된 거리 중 타이난 민촨루民權路는 네덜란드 점령기, 명나라, 정성공鄭成功의 탈환과 청나라를 거치며 19세기까지 대만의 정치·경제·문화의 중심지였다.

이 책에 소개된 백 년 가게 노포老鋪들은 대대로 물려받아 내려오는 오래된 가게들로 낭만이 깃든 오래된 골목골목에서 만날 수 있다. 그리고 이 책에서는 조그마한 이 지역들이 일제강점기에 건축한 바로크식 건물들로 이루어진 옛 거리임을 애써 강조하고 있다. 벽돌로 쌓은 아치 형태의 '팅쯔짜오亭仔腳'도 여행자들에게 이 지역을 알리는 데 중요한 요소가 된다.

역사가 오래된 이곳에는 고적과 사원이 많고 낡은 건물과 좁은 골목에는 볼거리가 가득해 여행자들이 몰리는 핫플레이스로 사랑받고 있다. 과거의 민촨루에는 문학과 역사 분야에 종사하는 이들이 머물며 많은 책과 글을 남겼다. 일찍이 나도 선배들의 글자취를 따라 무려 400년 가까운 역사를 지닌 거리를 걸으며 시를 읊고 옛일을 돌아보며 감탄했다.

이곳에서 역사적인 건축물에 대한 기록 사업이 이루어지던 시기에 나는 사료를 읽는 것으로 시작해서 고적들의 건축 형태, 기와, 대들보, 기둥, 벽돌담과 각 양식의 창문과 창살들을 손으로 그린 다음, 타이난 구시가지에 관한 책을 쓰기도 했다. 이야기는 타이장台江 해변의 파도 소리에서부터 시작된다. 한 무리의 네덜란드 사람들이 이곳에 상륙하고 많은 한인漢人들도 여기서 살게 되고, 우물을 파고 집을 지으면서 점점 더 많은 사람들이 모여 동네와 거리가 생기고 시장이 생겼다. 사람들이 오가고, 가게는 떠들썩하게 활기를 띤다. 그리하여 길은 서쪽부터 동쪽까지 뻗고, 해변과 항구에서 논밭 길과 산속까지 이어진다. 사람들이 무리를 지어 이곳으로 흘러들기 시작하고, 길을 따라 생긴 가게들이 있는 자리가 타이난에서 가장 중요하고 오래된 거리가 된다. 화초를 파는 가게, 쇠붙이를 다루는 가게, 신발이나 모자를 파는 가게도 있다. 역사에서는 이곳을 '스쯔다제十字大街(십자대로)'라고 부른다.

이 길에서 멀지 않은 곳에는 네덜란드 통치 시대가 남긴 프로방시아 요새Fort Provintia 유적이 있고, 정성공이 지은 베이지뎬北極殿도 있으며, 청나라 통치 시기의 상업적인 공간들 또한 많이 남아 있다. 물론 일제강점기의 궁후이탕公會堂(공회당)과 바로크식 건축물들도 빼놓을 수 없다. 이곳을 돌아다니는 것은 대만의 발전사 위에 발을 내딛는 것과 마찬가지이다. 오래된 거리를 왕래하다 보면 마치 옛사람들이 생활하던 시대로 돌아간 것 같다.

내가 책을 썼던 그 시절, 나의 글 또한 여기서 멈췄다. 백 년 된 가게에 들어가지 않았기에 옛사람들의 생활에 대한 관찰과 기록이 빠져 있다. 그렇다. 오늘날에도 여전히 이 거리에서는 옛사람들에게서 전해져 온 것들을 '생활'로 보여 준다. '박물관'에서 문화의 역사를 기록하고 있지만, 나는 계속 앞으로 나아가면서 점점 더 이곳에서 멀어져 옛 거리의 역사적인 흐름도 잊어버렸다. 그러다 이 책 덕분에 나의 감각이 되살아났다.

출판사로부터 추천사 의뢰 요청을 받고 작가의 그림을 처음 봤을 때, 그녀가 그림으로 이 모든 것을 '안내'해 주고 있어 아주 기뻤다. 그림이 보기에도 좋을 뿐만 아니라, '옛 생활의 사소한 것'들을 자세히 볼 수 있게 우리의 시선을 이끌어 준다. '보는' 것에서 '읽는' 상태로 만들어 주는 것이다. 작가가 한 획 한 획 그려 낸 옛사람들의 온기가 느껴지는 물품을 '읽는' 것과는 비교가 되지 않는다. 그래서 나도 '자세히 보는' 태도로 '옛사람'의 세계로 들어가, 한 페이지씩 펼칠 때마다 눈에 들어오는 그림들에 깜짝 놀라며 "우아, 이런 물건이 아직도 있었다니!"하고 감탄하면서 하나하나 작가의 붓놀림을 따라 옛사람들의 삶의 터전으로 빠져드는 기쁨을 누렸다.

걷기에서 쓰기, 탐색에서 인식, 친근에서 망각에 이르렀던 나는 이제 다시 돌아왔다.

최근에 젊은 일러스트레이터와 화가들은 타이난에 머물며, 옛 도시들을 따라 돌아다니면서 색다르게 '감상'하는 것이 트렌드가 되고 있다. 천구이팡陳貴芳 작가가 글을 쓰고 그림을 그린 『타이난 골목 노포 산책』의 등장으로, 사람들은 오래되고 낡은 물건들을 생생하게 '목격'하고, 옛사람들의 생활에서 보이던 사소한 것들이 아직도 '살아 있음'을 알게 되었다. 점과 선, 복잡한 그림에서 세밀한 그림에 이르기까지, 새로운 방식으로 기록한 이 책은 타이난의 옛 도시들을 감동적으로 만날 수 있게 해 준다.

왕하오이(산업디자이너, 브랜드 매니저)

작가의 말

시간과 함께 달린 기록들

타이난시 커뮤니티 대학社區大學에서 강의 제안을 받아 '화가와 함께 여행하기'라는 프로그램을 기획해 2개의 과정을 개설했는데, 화가의 관점에서 수강생들을 이끌고 푸청府城의 오래된 장소들을 방문하는 과정에서 '오래된 가게'라는 주제가 매우 의미 있다는 사실을 깨닫게 되었다. 오래된 가게들을 여러 번씩 오가는 방식으로 타이난의 과거 모습을 관찰하며, 하나의 도시를 형성하고 있는 문화적인 맥락을 사소한 것들에서도 파악할 수 있었다.

이 책에서는 글과 그림이 똑같이 중요하다. 스케치는 내가 비교적 잘할 수 있는 일이므로 건물과 흥미로운 인물들을 손으로 스케치했지만, 그림은 사진과 달리 실물을 그대로 보여 주는 것이 아니다. 그림을 그리는 화가의 눈을 통해서 걸러진 이야기를 기록한 것이기에, 눈에 보이지 않는 상상의 공간을 독자에게 보여 줄 수 있도록 글로 소개하는 것도 중요하다. 그래서 오래된 가게들에 대한 생각을 글로 표현해 보려고 관찰한 사실에서 감동받은 내용을 단편적으로 묘사하거나, 그림으로는 전달할 수 없었던 감정을 글로 적어 보았다. 여행하면서 스케치하는 방식으로 고향의 오래된 가게를 그린 다음, 여행자의 눈길로, 여행지의 가게를 방문하는 심정으로 이 책을 썼다.

'스케치'는 모르는 사람에게 말을 거는 가장 좋은 방법이자, 나와 가게를 연결해 주는 매개체이다. 낯선 가게에 들어가게 되면 보통은 내가 미리 준비해 둔 말을 꺼낸다. 오래된 가게의 분위기를 좋아해서 그림을 그려 화첩에 소장하고 싶다고. 하지만 내가 괜한 걱정을 했다는 게 나중에 증명되었다. 사연을 모르는 가게 주인들은 우선 내가 왜 자신의 가게를 그리는지 궁금해했고, 이어서 의자를 하나 끌어당겨서 내게 앉으라고 권한다. 때로는 목을 축이라고 차를 한 잔 따라 주거나 하면, 그림을 그리면서 사장님들과 이야기를 나누곤 한다. 그들이 가게 업무를 보다가 내가 뭘 그리는지 잠깐씩 보러 오면 함께 잡담을 나누다 다시 서로의 일에 집중하곤 했다. 스케치하는 시간이 길어지면, 사장님은 외부인인 내가 아직 가게에 있다는 걸 깜빡 잊고는 부인과 농담을 하거나 말다툼을 하는 진솔한 모습을 보게 될 때도 있었다. 이웃들과 수다를 떨고, 심지어는 온 가족들이 이러쿵저러쿵 시비를 따지는 모습도 볼 수 있다. 이런 현장 경험들은 아주 재미있었다. 취재하면서 맞이하는 최고의 순간은 바로 가게의 역사나 오래된 물건들에 관한 에피소드를 들을 때였다. 오래된 가게의 매력은 바로 세월이 흐르면서 층층이 쌓인 이야기들에서 나오는 게 아닐까. 그리고 사장님들의 입을 통해서만 비로소 그 시대에 속했던 옛 맛을 그려 낼 수 있다.

스케치로 기록하는 건 비교적 시간이 오래 걸리는 방식이므로 가게에서 긴 시간을 머물러야 한다. 어떤 때에는 오후에, 어떤 날에는 하루 종일, 경우에 따라서는 여러 번 가야 할 때도 있었다. 한동안 뜸하다가 다시 찾아가면 사장님들은 "왜 이렇게 오랜만에 왔어요!"라며 나를 반겼다. 취재원과 친구가 된 것은 이 책을 출판하면서 얻게 된 가장 큰 소득이다.

오래된 가게들을 방문할 때는 휴업이나 폐업을 걱정할 필요가 없다. 왜냐하면 이런 가게들은 최소한 30년 이상의 역사를 지니고 있기 때문이다. 오히려 '사람' 문제를 걱정해야 한다. 이 책을 펴내는 데 3년 이상 걸렸는데, 대다수의 사장님들이 나이 드신 분들이어서 처음 만났을 때는 건강해 보였지만 한두 해 지나서 다시 만날 때는 이미 보행 보조기구를 사용하기 시작했거나 요양원에 간 경우가 많았다. 시간이 지날수록 많은 분들의 건강 상태가 점점 나빠지고 있다. 오래된 가게 앞을 지날 때마다 그분들이 여전히 평안하신지 궁금해서 자꾸 기웃거리게 된다. 이렇게 책을 만드는 동안 오래된 가게들을 방문하는 건 정말 '시간'과 함께 달린 기록이라는 걸 깨닫게 되었다.

다양한 업종의 가게 주인들에게서 내가 발견해 낸 건 바로 그들의 장인 정신이었다. 장인들이 진지한 표정으로 일에 전념하는 모습을 한 획씩 그려 나가면서, 고집스럽게 '원칙을 지키는' 것이 그들의 공통된 정신임을 느꼈다. 오래된 가게들은 이렇게 고집스런 마음으로 묵묵히 타이난의 정신을 이어 가고 있다.

이 책을 만드는 일은 정말 즐거웠다. 타이난 푸청에서 수십 년 동안 버터 온 오래된 가게들을 알게 되는 기회를 얻었고, 많은 가게들의 2세, 3세가 기꺼이 가업을 이어받아, 타이난이라는 오래된 도시가 힘을 얻어서 더욱 문화적인 푸청의 이미지를 심어 줄 수 있게 되어 기뻤다.

천구이팡(악어)

옮긴이의 말

내 영혼은 나에게 속한다

인천 공항에서 대만의 타오위안 국제공항까지 가는 비행 시간은 2시간 40분, 시차는 1시간이다. 내 인생의 첫 대만 여행은 타오위안에서 가까운 타이베이로 곧장 들어가지 않고 고속열차를 타고 대만 남쪽 끝 타이난으로 출발하는 것으로 시작되었다. 대만의 옛 수도이자 대만 문화의 근간인 타이난을 가장 먼저 보기 위해 고속열차로 1시간 40여 분을 더 달려간 것이다. 타이난의 아다지오 호텔에는 타이난의 국보급 작가인 예스타오葉石濤의 글귀가 객실 유리창마다 적혀 있는데 내가 묵었던 방의 글은 다음과 같았다.

我的靈魂是属於我自己的.
(내 영혼은 나에게 속한다.)

친구가 투숙했던 옆방에는 좀 더 긴 문장이 적혀 있었다. 길어서 다 외우지는 못하지만 짧게 기억나는 대로 줄여 보면 '나의 추억은 모두 골목과 관련되어 있다. 모든 기쁨과 슬픔이 골목에 묻어 있으므로……' 였다. 전율과 함께 그때부터 나의 영혼은 내가 아닌, 타이난의 모든 골목에 속한 것이 되어 버렸다. 그리고 운명처럼 『타이난 골목 노포 산책』을 번역하게 되면서 타이난에 두고 온 내 영혼을 그곳의 골목 속에서 다시 만났다. 타이난이 이토록 내 영혼을 매료시킬 만큼 멋진 곳이라는 사실을 알려 줄 수 있는 책이 있었다니!

책에 소개된 가게는 모두 백 년 넘게 운영해 온 곳들이다. 어느 도시에 가더라도 영화관을 제일 먼저 찾는 내가 아다지오 호텔 스태프에게 추천받아 다녀온 곳은 '취안메이시위안全美戲院'이었다. 타이난을 다녀온 사람들이 한국식으로 '전미극장'이라고 친근하게 부르는 곳이다. 무조건 믿고 먹는다는 '택시 드라이버 초이스'로 다녀온 대만식 우육탕 식당도 고작 1990년에 영업을 시작한 곳이었다. 이 책을 먼저 읽고 타이난을 갔었더라면 얼마나 좋았을까.

대만에 대한 안내서들을 보면 본격적으로 타이난만 단독으로 다룬 책은 거의 없었던 것 같다. 이제부터 타이난을 갈 때는 이 책과 함께 하시기를!

심혜경

오래된 낭만이 가득한 타이난의 매력

처음 번역 의뢰를 받았을 때 무척이나 기쁘고 놀라웠다. 대만 책에 관심을 지닌 한국 독자가 많다는 사실도 신기하게 다가왔다.

한국어를 체계적으로 공부하려고 서울에 머물던 때를 떠올려 보면 고국에 있을 때보다 오히려 대만의 역사와 문화에 대해 좀 더 깊이 있는 지식을 쌓으려고 노력했던 것 같다.

대만을 궁금해하는 외국인 친구들에게 조금이라도 더 잘 설명해 주기 위해서였지만, 나 자신에게도 나라 밖에서 보는 대만의 모습을 새롭게 볼 수 있는 계기가 되었다. 하지만 이 책을 번역하면서 나는 아직도 우리나라 대만에 대한 공부가 많이 부족하다는 걸 깨달았다. 작가의 글과 그림을 따라 오랜만에 타이난을 다시 공부하는 마음으로 작업을 했다.

이 책에 소개된 가게들의 공통점은 스쳐 지나가면서 밖에서 볼 때는 그저 평범한 전통 가옥처럼 보인다.

그렇게 오래된 시간의 역사가 겹겹이 쌓여 있으리라고는 생각도 하지 못했다. 타이난의 오래된 옛 가게들의 이야기가 역사 속에만 존재하는 것이 아니라 계속 이어지고 있는 현재 진행형의 이야기라는 점은 더욱 놀랍다. 옛 시대의 생활상을 고스란히 보여 주는 사물과 인물들이 전해 주는 이야기들을 읽으며 중요한 교훈도 얻었다. 아무리 힘든 상황이 닥쳐도 포기하지 않고 성실하게 하루하루를 살아 내는 것의 고귀함.

이 책의 번역을 잘 마무리할 수 있었던 것은 번역을 제안하고 함께 작업을 해 준 혜경 언니 덕분이다. 우리의 인연을 말하자면 7년 전의 이야기부터 꺼내야 하지만, 아무튼 존경하고 많이 좋아하는 언니다.

번역을 하는 동안 한국과 대만의 문화 차이를 감안하면서 작가가 의도한 바를 최대한 잘 풀어내고자 노력했다. 이 책을 통해 작가가 타이난을 사랑하는 마음과 타이난의 매력이 독자들에게 잘 전달되었으면 좋겠다.

설시혜

Contents

- **추천의 말** 한 손에는 붓, 한 손에는 젓가락 _왕하오이   4
- **작가의 말** 시간과 함께 달린 기록들 _천구이팡   6
- **옮긴이의 말** 내 영혼은 나에게 속한다 _심혜경   8
  - 오래된 낭만이 가득한 타이난의 매력 _설시혜   9
- 오래된 가게를 기록하는 도구들   14

먹거리 맛보기   문화 즐기기   수작업 장인들   풍속 배우기   옛 거리 느리게 걷기

민촨루 노포 산책

- 민촨루 지도   18
- 정성 가득한 추억의 과자 **신위전빙푸**   20
- 타이난 푸청의 백 년 된 찻집 **원펑차좡**   24
- 서예와 조각을 결합한 도장 예술 **신원탕인푸**   28
- 양이 푸짐한 국수 가게 **후지몐관**   30
- 극장문화의 명맥을 이어 가는 영화관 **신젠궈시위안**   33
- 더위를 식히는 카람볼라 주스 가게 **미타오상**   34
- 불상 조각계의 성형 미용 센터 **허칭쉬안포쥐뎬**   36
- 도심 속 비밀의 화원 **타이난 궁후이탕**   40
- 지장보살과 동악대제를 모신 곳 **둥웨뎬**   42

- 혼례와 장례에 쓰이는 수공예품 **쭤텅즈이신촨**   44
- 기억 속의 볏짚 냄새가 나는 다다미 **밍장다다미**   48
- 행복이 가득한 옛날 빙수 가게 **타이양파이빙핀**   52
- 추억의 살림도구와 생활용품 **진더청주텅뎬**   54
- 부자들이 즐기던 달콤한 맛 **쑤자-젠궈샤런러우위안**   57
- 숯으로 구운 맛있는 육포 **광싱러우푸뎬**   60
- 몸과 마음을 녹이는 차 **전파차항**   64
- 타이난에서 가장 오래된 과자 가게 **완찬하오**   66
- 장인 정신이 엿보이는 캔버스 가방 **허청판부항**   68
- 감칠맛 나는 러우쭝의 향기 **짜이파하오러우쭝**   72

신메이제 노포 산책

- 신메이제 지도   76
- 리안 감독이 영화에 발을 들여놓은 계기 **취안메이시위안**   78
- 손으로 영화간판을 그리는 예술가 **옌전파 사부**   82
- 붉은색 지붕의 사당 **쓰뎬우먀오·다관디먀오**   84
- 백 년 전 방식으로 만드는 수제 향 **우완춘샹푸**   86
- 국보급 조각품 공예의 대가 **웨이쥔방댜오커옌주서**   90

- 늦게 가면 먹을 수 없는 추억의 맛 우먀오러우위안 — 92
- 타이난 사람들의 전통적인 아침 식사 우먀오탄카오쌴밍즈 — 94
- 길흉을 점치는 점집 골목 쌴밍샹 — 96
- 마음을 진정시켜 주는 최고의 장소 다톈허우궁 — 98
- 백 년 동안 전해 내려오는 향이 좋은 차 량자오인둥과차 — 100
- 모든 사람들이 사용하는 생활용품 룽싱야첸뎬 — 104
- 역사를 간직한 옛 우물터 다징터우 — 107
- 옛날 방식으로 찻잎을 말리는 유일한 차항 진더춘차좡 — 108

- 한 땀 한 땀 바느질로 이어진 다다미의 정 촨싱다다미 — 111
- 대만 최초의 관우 사당 카이지우먀오 — 114
- 오래된 골목길 다링터우 — 116
- 가장 저렴한 가격으로 먹는 최고의 미식 궁짜이이멘 — 118
- 푸청의 백 년 문화가 담긴 타이난 대표 음식 훙위터우단짜이멘 — 120
- 촌락을 지키는 방어 설비 아이먼 — 123
- 아침부터 서서 먹는 빙수 가게 궁허우제빙탄 — 124

- 신랑 신부들이 가장 좋아했던 결혼 축하 예물 진위안룽시장 — 126
- 유행을 타지 않는 생활의 지혜 메이펑궁예위안랴오항 — 130

- 오래된 물품수리점 진리하오 — 134

- 조상 대대로 전해 내려오는 보양식 전찬쓰선탕 — 137

- 🌏 옛 사람들이 애용했던 친환경 신발 나막신 전싱셰항　138
- 🥣 세월이 봉인된 오래된 잡화점 진취안청짜량항　142
- 🛕 종교계의 만물상, 백화점식 도매시장 미제진샹즈뎬　146

- 🍜 전통이 있는 오리고기 국수 둥차오야러우겅　149
- 🛕 백만 개의 차오룬을 파는 오래된 종이 가게 왕취안잉즈좡　150
- 🍵 풍미 가득한 차와 과자 신위쉬안　154
- 🍜 활력이 넘치는 타이난식 아침 식사 스징주뉴러우탕　156
- 🏛 건축의 변천사를 보여 주는 방어 요새 츠칸러우　158

- 🍵 전통 방식으로 둥과차를 만드는 유일한 백 년 가게 이펑둥과차　160
- 🍜 새해 첫날에 먹는 전통의 맛 룽지하오가오펀창　164

- 🌏 국보급 기술을 자랑하는 전통 자수 예술 광차이슈좡　168
- 🍜 대나무 잎 향기가 나는 떡 스징주차이자미가오　171

오래된 가게 노포에서 만난 사장님들　172

「오래된 가게를 기록하는 도구들」

안녕하세요! 저는 악어라고 합니다.
저는 그림 그리기와 여행을 좋아하고,
밖에 나갈 때는 항상 간단한
그림 도구를 챙겨 다닙니다.
그래서 이 책은 가게들을 실제로 방문하면서
그림을 그리는 '여행 스케치' 방식으로,
'여행자'의 태도로 오래된 가게의 모습들을
기록했습니다.

스케치 도구들

1. 수채화용 고체 물감

미술용품전문점에서 수채화용 고체 물감을 구입할 수 있어요!

2. 직접 만든 천 커버 스케치북

3. 유성 사인펜

브랜드에 관계없이 유성 사인펜이면 됩니다.

4. 수성펜

일본 브랜드. 대, 중, 소 사이즈를 선택할 수 있습니다.

스케치북 커버는 천으로 직접 만들었습니다. 수채화용 도화지로 A4 용지보다 조금 작은 사이즈로 만들면 들고 다니기에 좋습니다.

그림도 그리고 글도 쓰고

환경보호, 그리고 종이를 낭비하지 않게 취재하는 내용을 그린 스케치 원고의 뒷면에 글 원고도 함께 적었어요. 글 원고를 분실할 가능성을 줄일 수 있어 좋습니다.

 캔버스 천으로 만든 가방을 메고

오래된 골목을 산책하고

 걷다가 더우면

빙수 한 그릇

 사 먹고

 배고프면

간식 한 접시

당신에게 차 한 잔을 올리네

민촨루 노포 산책

◈ **산책 시간** 약 1시간 30분~2시간
◈ **화장실** 궁후이탕公會堂, 둥웨뎬東嶽殿
◈ **버스** 14번, 99번 우위안역吳園站
◈ **도보** 기차역에서 궁후이탕까지 약 15분
◈ **운전** 민촨루와 중산루에 주차 공간이 비교적 많다.

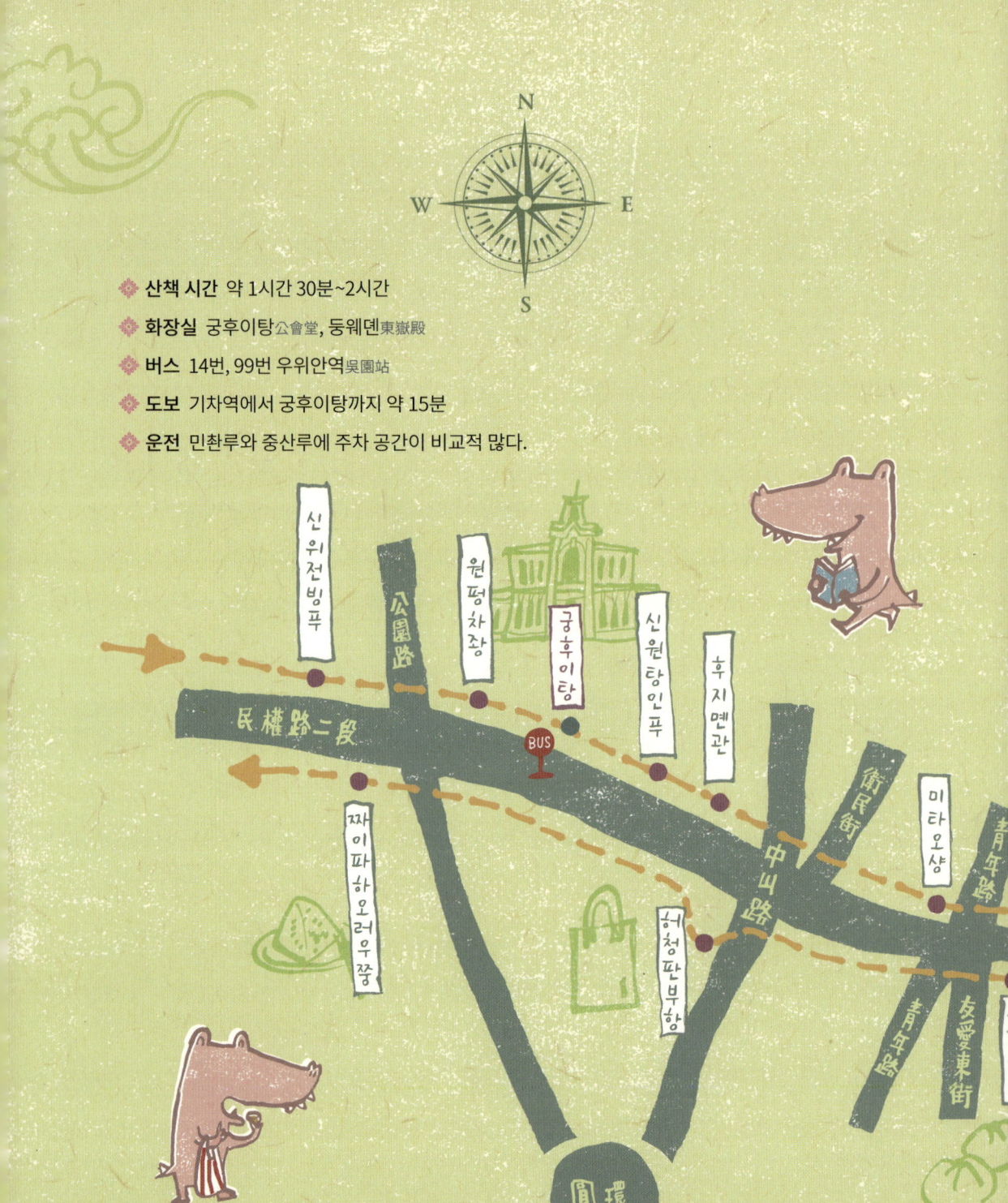

新裕珍餅舖

신위전빙푸
정성 가득한
추억의 과자

'신위전빙푸新裕珍餠舖'에서 무엇보다도 가장 먼저 떠오르는 장면은 바로 과자 진열대 위에 작은 산처럼 한 판 한 판 높이 쌓아 올린 주전부리들이다! 사람들의 눈길을 끌어당길 뿐만 아니라, 50년 된 이 오래된 가게에서 파는 옛날 과자와 각종 간식거리들에 군침이 돈다. 저울에 달아 1량兩(1량은 약 37g)에 18위안元씩 판매하는데, 마치 전통시장에서 장을 보는 느낌이다.

'신위전'의 주인인 커빙장 할아버지는 15세부터 타이난의 '완촨바오쯔萬川包子(완촨 만두가게. 원래의 이름은 완순빙푸. 1871년부터 가게 이름을 완촨하오로 변경했다)'에서 견습생으로 있다가 타이베이로 와서 서양 제빵기술을 배운 후 미군 클럽에서 일을 시작했다. 그러고는 6년 동안 손수레를 끌고 다니며 27세까지 힘들게 장사를 하다 창업해 '신위전'을 운영하기 시작했다. 내가 빵 굽는 곳을 그릴 때, 커빙장 할아버지는 바로 옆에서 작은 과자들을 동글동글 빚고 있었다. 그의 손에서 만들어지는 과자들은 비록 작았지만, 해마다 원료 가격이 올라가도 좋은 식재료만 사용해서 만들겠다는 할아버지의 원칙과 고집이 그 안에 담겨 있다. 할아버지는 오래된 가게들이 중요하게 여기는 것은 정과 의리이고, 가게에서 파는 제품은 그 가게를 대표하는 것이므로 적당히 만들면 안 되며, 과자에 '믿음'을 담아 '한결같은' 가게 정신을 고객들에게 전달하고 싶기 때문이라고 말했다.

커빙장 할아버지의 부인인 커천몐 할머니의 마음가짐도 배울 만하다. 할머니는 가게에서 항상 정장이나 양장을 갖춰 입고 깔끔하게 화장을 한 다음 립스틱을 꼭 바른다. 그리고 손님들 한 명 한 명을 예의를 갖춰 맞이한다. 할머니는 수십 년 동안 커빙장 할아버지가 만든 작은 과자들을 하나하나 높이 쌓아 올려 과자 산을 만들었다. 세월이 흘러도 노부부가 이렇게 푸청의 오래된 맛을 쌓아 올리고, '마음'을 담아 운영하며 '신위전'의 과자를 더 맛있게 만들고 있다.

커빙장 할아버지는 5자오角(0.1위안, 5자오는 0.5위안)짜리 빵을 파는 가게로 사업을 시작하여, 예쯔쑤椰子酥(코코넛 쿠키)와 카이커우샤오開口笑(경단처럼 빚어 기름에 튀기면 표면이 갈라져서 입을 벌리고 웃는 모습처럼 보이는 쿠키) 등 가게의 대표적인 제품들을 만들어 팔았다. 나무로 만든 가게 간판에는 '서양 빵'과 '기쁜 일을 축하할 때 먹는 케이크'라는 글이 적혀 있다. 그리고 이제는 사용하지 않는 다섯 자리 숫자로 된 전화번호가 아직도 적혀 있다.

'신위전'은 수십 년 동안 민찬루의 변화한 시절과 적막한 세월들을 지켜 왔다. 이제는 할아버지의 나이가 많아져 더 이상 많은 일을 감당할 수 없기에 빵과 케이크는 만들지 않고 과자만 팔고 있다. 사실 과자를 만드는 일에도 시간과 체력이 많이 소모된다. 가게를 대표하는 대만식 마카롱을 만들려면 3시간이나 걸린다고 한다. 내가 가장 좋아하는 '신위전'의 대만식 마카롱은 겉은 바삭바삭하고 속은 부드러워서 먹을 때마다 행복감을 느낀다. 더 다양한 옛날 과자들을 먹고 싶다면 모둠과자세트를 구입하면 된다. 케이크 느낌의 도넛에서는 일본 과자의 풍미를 느낄 수 있고, 시중의 다른 가게와는 달리 둥근 모양의 펑리수鳳梨酥(파인애플 케이크)는 엄청 맛이 좋다. 모양도 좋은 아기자기한 간식에 추억의 맛을 떠올리며 먹다 보면 한입 가득 퍼지는 달콤한 맛에서 오래된 가게의 훈훈한 마음을 느낄 수 있다. 시간이 된다면 커빙장 할아버지 부부와 함께 이야기를 나누며 사연이 가득한 이 조그마한 옛날 과자들을 맛보는 즐거움을 만끽해 보자!

신위전의 과자들

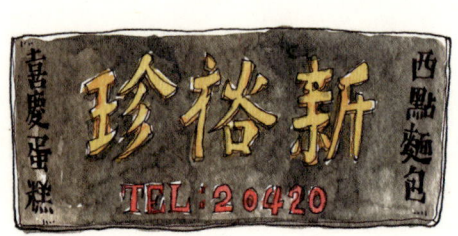

전화번호가 다섯 자리 숫자였던 시절에 시작해서 지금까지 40여 년의 역사를 지닌 곳!

커천몐 할머니가
하나씩 하나씩 차곡차곡 쌓은
과자는 산이 되고
어느덧 타이난 푸청의 친숙한 맛이 되었다.

柯陳麵

since 1963

신위전빙푸 新裕珍餅鋪
- 台南市民權路二段60號
- 06-2220420
- 09:00~21:00(월요일 휴무)

먹거리 맛보기

민촨루 노포 산책

'원펑차좡文峰茶莊'은 화려하게 치장한 건물이 아니어서 밖에서 보기에는 그저 평범한 전통찻집이다. 하지만 가게 안으로 들어서면 선반에 나란히 진열된 60년 넘은 아연으로 된 녹차 다관들이 가장 먼저 눈에 들어오고, 다관 뚜껑을 열면 그윽하고 맑은 찻잎의 향이 피어오른다. 가게에 들어서면 은은한 차향을 따라 옛날 찻집이 영화로웠던 시절로 다시 돌아갈 것만 같다.

원펑차좡
타이난 푸청의
백 년 된 찻집

100년 전 중국에서 배를 타고 온 차서우(차호의 온도를 유지해 주는 보온용 바구니). 오랜 세월을 겪어 온 이 등나무 바구니는 마치 시간이 멈춰 버린 것처럼 고스란히 제 모습을 지니고 있다. 안에 들어 있는 찻주전자는 꼼꼼하게 바느질한 천으로 감쌌다. 바구니와 천 사이에 채워 넣은 솜이 밖으로 삐져나온 것만 아니라면 박물관에 소장해도 될 정도로 역사적인 가치를 지닌 물품이다.

바구니 뒤쪽의 구리로 된 고리는 옛날 동전 2개를 이어 붙여 만든 것이다.

앞쪽의 잠금 고리는 복숭아 모양의 장식 2개를 겹쳐서 만들었다.

'원평차좡'은 중국의 푸젠성 취안저우시泉州市에서 시작되었다. 족보에 '차를 파는 상인'으로 표시하게 된 때부터 헤아려 보면 5대째 내려오는 가게이다. '원평차좡'은 4대에 이르러 형제들의 나이 차가 많아 아들이 아닌 형제가 5대 사장 자리를 물려받았다. 현재 40년 넘게 찻집을 운영하고 있는 6대 사장은 천위슝과 그의 아내 황위메이이다. 일선에서 물러난 천 다거大哥(다거는 자신보다 나이가 많은 남성에 대한 존칭)는 아직도 매우 건강해 보이고, 말수는 적어도 언제나 얼굴에서 미소가 사라지지 않는다. 옛집은 전통적인 삼합원三合院(중앙과 왼쪽, 오른쪽의 세 동의 건물로 이루어진 중국 전통주거 형태의 하나)으로, 왼쪽 건물은 '다오성탕중야오항道生堂中藥行', 오른쪽 건물은 '원평차좡'이었다고 천다거가 알려 주었다. 대만으로 이주한 1대는 타이난 외곽의 라오구스중제老古石中街(현재의 신이제)에서 찻집을 운영했는데 가게가 번성하면서 타이난의 중심부로 옮겼다. 가게의 대각선 맞은편에는 팡차오枋橋, 왼쪽은 투디공土地公(마을 수호신) 사당, 그리고 도교의 신을 모시는 푸더츠福德祠가 있다. 번지수를 사용하지 않던 그 시대의 상가들은 대개 지명으로 위치를 표시했기 때문에 청나라 때부터 전해 오는 '원평차좡'의 옛 도장에는 '팡차오 지역 푸더츠 사원의 왼쪽'이라고 새겨져 있어 손님들이 쉽게 가게 위치를 파악할 수 있었다. 세월이 흐르고 시대가 바뀌어 옛 지명은 역사의 기록에만 남아 있고, 차 무역을 통해 오늘날까지 운영하고 있는 '원평차좡'이 유일하게 변하지 않은 곳이다.

여러 차례 찻집을 방문해 천 다거와 친해지자, 그는 매번 놀랍고도 진귀한 소장품으로 눈호강을 시켜 주었다. 한번은 등나무로 만든 정사각형 바구니를 꺼내 매우 조심스럽게 열어 보여 주었다. 안에는 중국에서 배를 타고 건너온 차서우가 들어 있었다. 등나무로 만든 바구니는 세월이 묻어나 고풍스러운 색으로 바뀌고, 그 안에 꼼꼼하게 바느질한 천으로 감싼 찻주전자는 백 년의 시간을 버텨 온 물건이었다. 어떤 때는 백 년 묵은 저울을 보여 주기도 했다. 전자저울이 없던 시절, '원평차좡'에서는 나무로 만든 저울을 사용했다. 백 년을 넘게 사용해 온 옛날 저울이라고는 해도 나무 막대의 방향만 돌리면 저울의 단위를 '량兩'에서 '근斤'(약 16량)으로 바꿀 수 있어 매우 편리해 보였고, 옛 사람들의 기발한 아이디어도 매우 신기하게 느껴졌다. 언젠가는 기다란 옛 간판을 꺼내보여 주며 예전에 천씨 집안에서 운영했던 한

옛날 명함

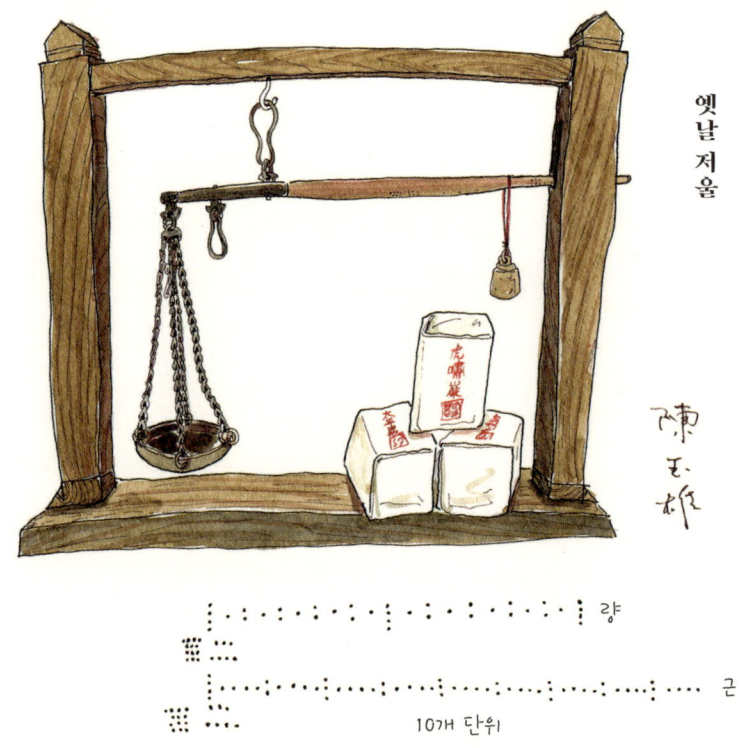

옛날 저울

10개 단위 량 근

약방 간판이라고 설명해 주기도 했다. 한약방은 오래전에 폐업했지만 나무로 만든 이 간판은 천씨 가족의 역사를 보여 주는 생생한 증거이다. 이 가게 안에서 가장 소중하고 특별한 보물이라고 하면 청광서清光緒(1874~1908, 청나라의 11대 황제 광서제) 연간에 샤먼廈門을 자유롭게 출입할 수 있는 통상증(1896년)이 빠질 수 없다. '원평차창'이 해협 양안에서 장사를 할 수 있도록 허가하는 증서인 이 통상증은 푸청 차 문화에서도 매우 소중한 기록 중의 하나다. 마지막으로, 가게 안에 높이 걸려 있는 현판에 적힌 '원평文峰' 두 글자는 제3대 천덩즈 사장이 쓴 것이다. 1897년에 차와 함께 '원평차창'의 역사가 시작되었고, 그 향기가 갈수록 깊어지면서 마침내 푸청의 백 년 된 찻집 가운데 하나가 되었다. '원평'은 타이난의 백 년 가게이므로 대를 이어 전해 내려오는 옛 사진들이 있는지 궁금했다. 천 다거에게 물어봤더니, 그 귀한 사진들이 물에 젖어 파손돼서 버릴 수밖에 없었다고 안타까운 듯 머리를 절레절레 흔들었다. 1965년 민촨루가 확장되면서 가게는 지금의 모습으로 바뀌었다. 아름다운 바로크식 파사드를 철거해야 했고, 그로 인해 공간이 좁아지면서 해마다 새로 나온 찻잎을 말리던 곳이 지금의 가게가 되었다. "두꺼운 판자로 만든 돈궤가 있었는데 도로를 넓힐 때 그것마저 포기해야 했다."고 했다. 오래된 나무 궤, 옛날 사진들, 그리고 옛 건물들이 사라지면서 '원펑차좡'은 어쩔 수 없이 백 년 가게의 예전 모습을 점차 잃어버리고 말았다.

노포를 구경하러 오는 사람들은 많지만 실제로 차를 사 가는 손님들이 적었다. 하지만 천 사장은 은퇴하여 아들에게 가게를 물려준 후에도 선조들이 대물림해 준 이 가게를 지키는 데 심혈을 기울이고 있다. "다음 세대가 이 일을 계속할 수 있을까요?"라고 묻자 천 다거는 미소를 지으며 말을 아꼈다. 대답 대신, 몸을 돌려 아들이 새롭게 디자인한 가게 도장을 보여 주며 예쁘냐고 물었다. 가게 입구에는 천 사장이 청나라 시대의 가게 도장을 본떠 만든 도장이 놓여 있어서 기념 스탬프를 찍을 수 있다. 전통을 이어 가려는 그의 마음을 응원하는 의미로 손님들이 스탬프를 찍으며 여행 기념품으로 삼아 차 한 팩을 구매하는 것도 잊지 말았으면 좋겠다. 타이난에서 백 년 동안 전해 내려오는 차의 향기를 세심하게 음미해 보는 건 어떨까.

60년 된 차통

3대 천덩즈 사장이 직접 쓴 현판

원펑차좡에 대를 이어 전해져 내려오는 청나라 시대의 도장

청나라 시대의 가게 도장을 본떠 만든 스탬프 도장

천 사장의 아들이 새롭게 디자인한 귀여운 버전의 가게 도장

오래된 전차
(찻잎을 벽돌 모양이나 원반형으로 뭉쳐 굳힌 것)

since 1869
원펑차좡 文峰茶莊
🏠 台南市民權路二段36 號之一
☎ 06-2245591
🕘 09:00~22:00(연중 무휴)

信文堂印舖

"사람들과 사이좋게 지내고, 다른 사람의 보증을 서면 안 된다."라는 말은 '신원탕인푸信文堂印舖' 천훙례 사장이 정한 가훈이다. 가게 모습을 스케치하는 동안 천 사장이 손님들에게 여러 차례 이 말을 하는 모습을 목격했다. 도장을 파는 일에 종사하면서, 손님들이 다른 사람을 돕기 위해 보증을 서 주었다가 빚을 갚을 수 없어서 도망가거나 파산하는 경우를 많이 보았다는 것이다. 그래서 자식들에게 가훈을 잘 기억하라고 말하는 것은 물론, 손님들에게도 그런 일에 말려들면 안 된다고 늘 당부하곤 한다.

신원탕인푸
서예와 조각을
결합한
도장 예술

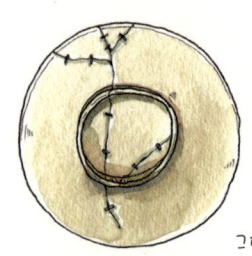

'신원탕'에서 보수한
도자기 접시 (뒷면)

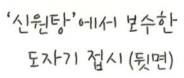

원래
그대로의 모습

50년 이상 사용한 조각도

55년 사용한 도장 받침대

1923년에 창립한 '신원탕'은 푸청의 오래된 도장 가게로, 1대 천허 사장의 직업은 경찰이었으며, 서예에 조예가 깊어 서예상을 수상하기도 했다. 그는 금속과 돌로 도장 만드는 일을 부업으로 하면서 파손된 도자기 제품을 보수하는 기술도 독자적으로 개발했다. 도자기류가 대량 생산되고, 물건을 아껴 쓰는 풍조가 사라지면서 안타깝게도 도자기를 보수하는 기술은 2대까지만 전수되었다. 2대 천잉저우 사장은 일본인 사부로부터 도장 기술을 익혔는데 만드는 작품마다 칭찬을 많이 받았다고 한다. 현재 신원탕의 천훙례 사장은 고등학교 졸업 후 아버지에게 기술을 배워 27세에 3대 사장이 되었다. 그는 가장자리가 심하게 낡고 아주 오래된 책을 펼쳐 보이며 자랑스러워했다.

"여기에 우리 집안 대대로 내려오는 비결이 담겨 있습니다. 도장을 만들 때마다 하나씩 종이에 찍어 보관했죠. 수십 년 동안 '신원탕'에서 새긴 도장 작품들이 여기에 다 들어 있어요."

그림 그리기를 좋아하는 나는 판화도감과도 같은 그 책을 보며 선인들의 창의적인 미적 감각에 감탄하지 않을 수가 없었다. 아마도 이 가게 주인들은 일제강점기의 상호에 이르기까지 그 당시의 상세한 기록들을 남기면서도 그것이 오늘날 타이난의 문화와 역사를 보여 주는 소중한 자료가 될 것이라고는 생각하지 못했을 것이다.

사장의 말에 의하면 도장은 서예와 조각을 함께 구현하는 작업이며, 전각사의 손을 거쳐 작지만 우아하고 고풍스러운 예술품으로 거듭나는 것이라고 한다. 아쉽게도 손으로 도장을 파는 일은 점점 사라져 이제 타이난에는 10개 정도의 도장 가게가 남아 있을 거라고 했다. 이 추세대로 간다면 손으로 도장을 파는 기술도 '사라지는 모든 기술' 중의 하나가 될 것이다. '신원탕'에서는 시대의 흐름에 발맞춰 10년 전에 이미 시도한 바 있는 '배꼽도장'을 좀 더 보완하고, 신개발품으로 아기의 탯줄과 배냇머리를 활용한 도장 제품을 만들고 있다. 이 도장은 돈을 벌게 해 주는 도장이라는 의미로 일명 '파차이인 發財印'이라고도 한다. '신원탕'은 오래된 가게지만 새로운 활로를 찾아, 아기를 위한 기념품을 만들고 싶어 하는 부모들의 관심을 끌게 되면서 푸청에 이름을 남기게 되었다.

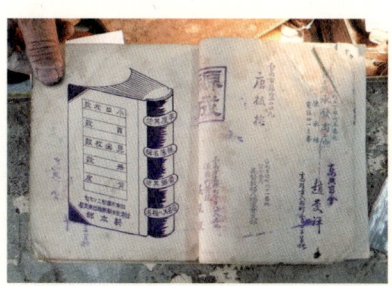

'신원탕'에서 만든 손도장 작품들이 이 책에 다 들어 있다.

since 1923
신원탕인푸 信文堂印舖
🏠 台南市民權路二段16號
☎ 06-2227375　⏰ 08:30~21:00(부정기 휴무)

胡記麵館

후지몐관
양이 푸짐한
국수 가게

'후지몐관胡記麵館' 앞을 여러 번 지나다니긴 했지만, 만약 초대형 사이즈의 군만두를 보고 궁금해서 발걸음을 멈추지 않았다면 나는 아마 '모든 것이 다 큰' 이 국수 가게를 지나쳤을지도 모른다.

[크다] 후 사장의 목소리가 크다.
수이자오 (물만두)를 크게 만든다.
젠자오 (군만두) 사이즈가 크다.
훈툰 (훈돈자)은 아주 크다.
몐기 (면그릇)가 크다.
이곳에서는 모든 것이 다 크다.

　　후더안 사장은 중국 후베이湖北 사람이다. 기계와 관련된 일을 하다가 부상을 당하게 되자 직업을 바꿨다. '후지몐관'의 1대 사장은 후더안 사장의 친척으로 1966년부터 노점에서 국수 장사를 해왔는데, 후더안 사장이 가게를 맡게 되면서 1967년에 정식으로 가게를 열어 더 이상 햇빛이나 비를 맞으며 노점에서 장사를 할 필요가 없게 되었다.
　　후 사장은 호탕하고 시원시원한 성격에 목소리가 크다. 가게에서 파는 음식들도 마치 그를 닮은 것 같다. 큰 물만두, 큰 군만두, 큰 훈돈자, 큰 사이즈의 면기 등 이 가

훈툰탕
만둣국 40위안

후지물만두

초대형 사이즈 훈툰탕에 들어가는 훈툰자는 일반 물만두와 비슷한 사이즈로 육즙이 많고 포만감을 준다.

양배추: 대중들에게 인기가 있다.
노랑부추: 시중에서 흔히 먹을 수 있는 음식이 아니다.
새우: 크고 신선한 새우가 들어 있고, 한 근에 220위안으로 사장이 빙짜이 시장에 직접 가서 사 온다.
부추: 요리하는 데 손이 많이 가서, 재료를 다듬고 씻는 데에만 4시간이 걸린다.

게에서는 모든 것이 정말 '크다.' 워낙 음식의 양이 많아서 '푸드파이터(먹기 왕) 대회'도 열렸다. 지금은 아내와 함께 가게를 운영하고 있는데 형제자매들의 우애가 깊어 가게 일을 도와주러 나오는 모습을 종종 볼 수 있다. 하지만 매일 아침 5시 30분부터 재료를 준비하고 밤 8시가 되어야 마무리를 할 수 있기에 하루에 14시간 이상 일해야 한다. 그래서 몇 달마다 한 번씩 병원에 가서 스테로이드 주사를 맞아야 한다고 했다. 후 사장은 씁쓸한 미소를 지으며 이 장사는 몸으로 때워야 하는 일이라고 덧붙였다.

'후지몐관' 근처에는 학원도 있고 직장인도 많아 손님의 발길이 끊이지 않는 데다 가격도 합리적이며 음식 맛도 좋아서 장사는 잘되는 편이다. 가게의 메인 요리인 군만두의 만두피는 손으로 빚는다. 원래 3개에 30위안에 팔았지만 너무 바빠서 아예 군만두를 크게 만들어 팔기 시작한 것인데, 그것이 가게의 대표 메뉴가 되리라고는 예상도 못했다고 한다. 만두의 크기는 어른의 주먹과 비슷해서 하나만 먹어도 배가 부르다. 하나 더 추천하고 싶은 요리는 물만두다. 만두피가 쫄깃하고 탄력이 있어 식감이 좋으며 참기름만 뿌려도 맛이 있다.

나는 부추 물만두를 좋아하는데, 다른 가게에서는 별로 파는 곳이 없어서 맛을 보기가 쉽지 않다. 손이 많이 가는 부추만두는 재료를 다듬고 씻는 데에만 4시간이 걸린다. 좋은 재료를 아낌없이 사용하는 새우 물만두에는 내 새끼손가락만 한 새우가 들어 있다. 신선하고 좋은 재료를 사용하는 만두라 배송 주문 물량도 많아

오후에 손님이 줄어들어도 후 사장은 만두를 빚느라 바쁘다. 언젠가는 설날을 앞두고 만두를 사러 갔다가 텅 빈 냉동고를 보고 발길을 돌린 적이 있다. 미식가들이 이미 만두를 몽땅 쓸어가 버렸기 때문이다.

'후지멘관'의 면발은 쫄깃쫄깃하고 탱탱한 느낌이다. 탕면을 주문하면 후 사장은 콩나물을 듬뿍 넣어 손님들이 더 많은 야채를 먹을 수 있도록 해 준다. 국물이 없는 간몐乾麵(건면)요리의 러우짜오肉燥(돼지고기조림) 향기는 저절로 입맛을 다시게 한다. 철제 식기를 사용하는 후 사장이 늘 그렇듯 많은 양의 요리를 식탁에 올리면 "너무 그릇이 크잖아요!"라는 고함이 저절로 나올 것 같다. '모든 것이 다 큰' 이곳 '후지몐관'에는 정말 백만 번을 와도 좋을 것 같다.

후 사장은 제자를 몇 명 받아 봤지만, 끝까지 버티는 사람이 없어 결국은 제자를 받지 않기로 결정하고 가게 운영에만 집중하기로 했다고 한다. 국수 장사는 힘든 일이고, 두 딸도 잘살고 있는데 이 가게를 물려줘서 공연한 고생을 시키고 싶지 않다는 게 후 사장의 생각이다. 게다가 어깨관절 인대가 파열되어 수술치료도 받았기에 장사를 접기로 결정해서, '후지몐관'은 후 사장 대에만 운영하게 된다. 이 말을 끝으로 후 사장은 평생을 함께해 온 가게를 뒤돌아보며 아쉬운 표정을 지었다. 숙련된 솜씨로 만두를 빚는 후 사장의 모습을 그리면서 이런 생각이 들었다. 힘들다고는 해도 이렇게 많은 고객들의 주문은 후 사장에게 엄청난 성취감을 안겨 주었을 거라고.

후 사장이 고개를 숙이고 만두를 한 개 한 개 빚고, 맛있는 음식을 손님에게 전달하는 모습을 보면서 나는 그의 모습을 하나하나 스케치북에 남겨 두었다.

탕몐 45위안

큰 군만두 15위안

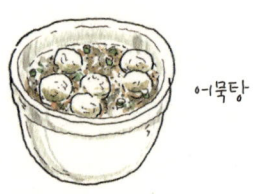

어묵탕

since 1966
후지몐관 胡記麵館
🏠 台南市民權路二段10號
☎ 06-2204908
🕐 11:00~19:00(일요일 휴무)

新建國戲院

신젠궈시위안
극장문화의
명맥을 이어 가는
영화관

미트볼을 먹으러 이 근처에 몇 번 온 적이 있는데, 관객이 별로 없는 이 영화관에 가끔씩, 여전히 영화를 보러 들어가는 사람들이 있었다. 눈길을 잡아끄는 빨간 간판에 '선명한 화질 뛰어난 음향설비 聲光極佳'라는 글자가 크게 쓰여 있어 호기심을 자아냈다. 게시판에 붙어 있는 포스터를 자세히 보니 에로 영화를 전문으로 상영하는 오래된 영화관이었다.

청소년 관람 불가 영화를 상영하고 있는데 관객은 별로 없다.

'신젠궈시위안 新建國戲院'은 1964년에 문을 연 극장이다. 원래 이름은 '젠궈시위안 建國戲院'이었는데 1969년에 유명 연예인의 쇼를 펼치는 공연장으로 바뀌었다. 나중에 다시 영화관으로 돌아왔는데 지금은 성인영화만 상영하고 있다. 나의 학창시절에는 타이난에도 이런 영화관이 몇 군데 있었는데 영화 포스터에는 옷을 입지 않은 여자들이 나오고 영화 제목도 아주 자극적이었다. 하지만 오락거리가 다양해지면서 '신젠궈시위안' 같은 몇 안 되는 성인영화 극장들이 대만의 옛 극장문화의 명맥을 이어가고 있다.

since 1964
신젠궈시위안 新建國戲院
🏠 台南市民權路一段51號
☎ 06-2294034

蜜桃香

'미타오샹蜜桃香'에 가면 귀를 쫑긋 세우고 우 사장과 그의 부인, 그리고 손님들 사이에 오가는 대화를 잘 들어야 한다. 일흔이 넘은 우순랑 사장과 부인 천추펀 두 사람 모두 치구七股(타이난시 행정구의 하나) 사람으로 정 많은 대만 남부 사람의 기질을 지녔다. '미타오샹'만의 독특한 인간미와 진지함으로 단골 고객을 확보해서, 3대째 이 가게를 방문하는 사람도 있다.

미타오샹
더위를 식히는
카람볼라
주스 가게

吳順郎   陳㭪芬

잘 익은 복숭아에는 달콤하고 특별한 향기가 나므로 우 사장이 가게 이름을 '미타오샹'으로 지었다고 한다. 우 사장 부부는 1963년부터 둥먼청東門城(청나라 때 지은 성을 일제강점기인 1902년 일본이 도시 계획이라는 명목으로 성벽과 성루를 모두 허물어 버리고 현재는 이 동문만 남아 있다) 근처 노점에서 장사를 시작해 나중에 현재의 장소인 전기용품점 옆, 과쯔瓜子(중국인의 국민 간식으로 수박씨, 해바라기씨, 호박씨 등에 소금이나 향료를 넣어 볶은 것들의 통칭) 가게와 마주 보는 곳으로 옮겨 노점을 하다가 제대로 된 점포를 마련하여 자리를 잡았다. '미타오샹'은 한 그릇에 5자오角(0.1위안, 5자오는 0.5위안)

카람볼라 빙수

모둠 빙수

짜리 카람볼라carambola(밝은 연두색을 띤 참외 같은 모양의 열대 과일로 단면이 별 모양이어서 스타프루트라고도 불린다) 빙수를 팔아 가게를 키웠고, 지금도 처음의 제조 방식 그대로 만들고 있다. 이 주스 가게를 찾는 사람은 대부분 모두 잘 아는 고객들이고, 일반 관광객은 그다지 많지 않다.

가게 앞쪽에 진열된 긴 원형 유리통에는 수제 자두 절임과 과일 설탕 절임, 건과일 등 카람볼라 과즙을 만들 때 없어서는 안 될 필수 재료들이 들어 있다. 알록달록 다양한 색깔을 가진 맛있어 보이는 과일 절임들은 장식용이 아니며, 따로 팔기도 하고 빙수도 만들 수 있다.

우 사장과 부인은 해마다 최소한 두 번씩, 5월과 10월에 달콤한 카람볼라 설탕 절임을 만들어야 한다. 깎아 놓은 카람볼라를 소금에 절인 다음 물에 담가 짠맛과 신맛을 빼고, 마지막에 설탕을 넣어 끓인다. 이렇게 옛날 방식대로 번거로운 과정을 거쳐야 맛있는 카람볼라 과즙을 만들 수 있다. 곱게 간 얼음에 과즙을 얹은 카람볼라 빙수가 나오면 먼저 빨대로 주스를 마셔 목으로 시원하게 넘긴 다음 작은 포크로 설탕에 절인 달콤한 카람볼라 과육을 먹으며 더위를 물리친다. 역시 카람볼라 과즙은 예로부터 여름에는 더위를 식히고 겨울에는 기운을 돋우던 훌륭한 먹거리인 것이다.

청결과 위생을 중시하는 '미타오샹'에서는 역삼투 제빙기로 만든 얼음을 사용하며, 깨끗한 얼음을 신선하게 보관하기 위해 매일매일 필요한 양만 만든다. 얼음을 직접 만들게 되면 시중의 얼음집에서 주문한 얼음을 갈아서 사용하는 것보다 단가가 많이 높아지지만, 가게를 신뢰하고 있는 고객들과 관련된 일이니만큼 건강하고 깨끗한 음식을 내놓을 수 있다. 좋은 맛을 내는 비법을 제대로 전수하는 것도 중요하다. 우 사장의 아들이 이미 가게를 물려받아 운영하고 있으니 제2대가 이 카람볼라 향기를 푸청에 더 진하게 퍼뜨려 주기를 기대해 본다.

since 1963
미타오샹 蜜桃香
🏠 台南市青年路71號
☎ 06-2284228　🕘 09:30~21:30(연중 무휴)

和成軒佛俱店

"우리는 불상 조각계의 성형 미용센터입니다!" '허청쉬안 和成軒'의 안주인이 자신있게 하는 말이다. "이 불상들은 절에서 다른 가게에 주문해서 만든 건데 완성된 모양이 마음에 안 들어서 우리에게 불상의 자세와 표정을 수정해 달라고 부탁한 것들입니다. 우리도 수선하고 교정하는 서비스를 제공하는 이런 재주와 기술이 있으니 불상의 미용의료센터와 다름없는 거죠!" 그녀가 나를 뒤쪽의 불상들을 모신 곳으로 안내해서 작품들을 손가락으로 가리키면서 말했다. 가게에 들어서자마자 곧바로 상쾌한 녹나무의 향기가 코를 찌른다.

허청쉬안포쥐뎬
불상 조각계의
성형 미용 센터

기초 외형
조각

'허청쉬안'의 셰주이 사장은 오랜 세월 동안 고급 목재를 사용하고, 수작업만을 고집해 왔다. 그와 함께 각종 불상에 대한 배경지식과 그 정신적인 의미를 연구하여 불상의 표정과 자세를 좀 더 잘 파악하고 표현할 줄 아는, 대만의 전통을 지켜 온 불상 조각계의 명장이다.

세부 조각

셰 사장은 14세부터 매부인 천차오칭에게 중국 푸저우 유파의 불상 조각을 3년 넘게 배우고 나서 비로소 사부가 되었다. 20세에 공군에 입대했는데, 군대의 상관이 아내와 아이가 있는 셰 사장의 형편을 고려하여 셰 사장이 맡고 있던 공군의 행정 업무가 끝나면 개인 시간에 불상 조각으로 돈을 벌 수 있도록 허락해 주었다. 당시에 사흘 밤을 새워 일하고 얻은 수입이 거의 군생활 한 달 월급과 맞먹는 수준이었기에 셰 사장은 지금도 그 상관이 융통성을 발휘해 준 일이 고맙다고 웃으며 말했다. 만기 제대를 한 셰 사장은 가오슝高雄에 있는 우방슝 씨의 불상 조각 가게 '슝산쉬안雄山軒'에서 일하다 27세에 자신의 가게를 열었다.

처음에 셰 사장이 가게를 시작한 곳은 젠궈루建國路(지금의 민촨루)였다. 도로공사 때문에 잠시 칭녠루青年路로 옮겼다가 젠궈루가 확장되면서 민촨루로 도로명이 바뀐 다음 돌아와 지금 가게의 옆집에서 몇 년 동안 영업을 하다 15년 전쯤 현재의 위치로 옮겼다. 1971년부터 1991년에는 세상을 떠난 친족들을 신격화하는 풍조가 유행하여 고인의 모습을 불상처럼 조각해서 제사를 지내고 천푸타이쯔陳府太子, 린푸셴구林府仙姑, 장푸왕예張府王爺 등 신의 이름을 붙였다. 불상 조각이 한창 번성할 당시의 '허청쉬안'에는 조각 사부가 무려 15명이나 있어서 점심 식사를 할 때 식탁에 자리가 모자랄 정도였다. 그러나 유행이 지나가고 중국 본토에서 불상까지 수입하기 시작하게 되면서 대만의 불상 조각 업계에 찬바람이 불기 시작했다. 일자리를 잃고 전업을 하는 조각 사부들이 많아지자, 훌륭한 기술을 가진 이들이 쓸모없는 존재가 되는 것이 안타까웠던 셰 사장은 그래도 꾸준히 사부들을 고용하고 있다. 가게 한쪽 구석에는 녹나무 더미가 잔뜩 쌓여 있는데, 셰 사장은 고객들이 언제든 목재의 품질을 확인해도 좋다고 호언했다. '허청쉬안'에서는 대만의 정신이라고 할 수 있는 '좋은 재료와 합리적인 가격'을 지키며, 불상의 구매자가 처음부터 함께 재료를 고르고 '카이푸開斧' (불상 조각을 시작하기 전, 나무에 도끼를 대기 전에 먼저 길일을 택해 제사를 올리는 의식) 단계를 비롯해 현장에서 진행되는 작업 과정을 확인할 수 있다. 불상을 완성하고 남은 녹나무 조각들은 잘 포장해서 구매자에게 보낸다. 하지만 이제 민촨루에 대만의 수공예 불상 조각 가게들은 몇 집 남지 않았고, 많은 가게들이 중국산 제품을 판매하고 있다. "허청쉬안의 사부들은 모두 가게 입구에서 작업을 하는데, 이것은 대만 고유의 것을 지키려는 마음을 고객들에게 보여 주려는 것"이라고 셰 사장이 긍지와 자부심을 담아 설명해 주었다.

불상 조각의 작업 과정은 상당히 복잡하고 까다롭다. 먼저 구매자가 ① 적합한 목재를 선택하고 ② 그 목재에 붉은 종이를 붙인 다음 신의 이름을 쓰고 제사상에 모신 후 ③ 목재에 도끼날로 몇 번 가볍게 치는 카이푸 의식을 치르고 구매자가 계약금을 내면 ④ 추페이 담당 사부가 먼저 기초 외형 조각을 시작하고, 그다음에 세부를 조각하는 사부가 ⑤ 슈광 단계에 들어가는데, 이때 구매자가 원하는 경우 조각에 혼이 깃드는 '입신의식入神儀式'을 진행한다. 그 다음 ⑥ 사포로 문질러 불상에 광택을 내고 ⑦ 황토를 수액에 녹여 조각에 균일하게 도포한 후 ⑧ 선긋기 기법으로 불상에 그림을 그리고 ⑨ 황칠나무에서 채취한 황색의 도료(니스)를 칠하는데, 채색의 첫 번째 순서는 ⑩ 불상의 피부 색깔을 균일하게 만들어 주는 것이다. 다음으로 ⑪ 금박을 입히고 ⑫ 채색을 한다. ⑬ 용모에 위엄이 깃들게 이목구비를 그려 준다. 마지막 단계는 ⑭ 첫 불공을 드리면서 눈과 눈동자를 그려 넣어 불상에 혼백을 모시는 카이광 뎬옌開光點眼(개광점안) 의식이다.

'허청쉬안'에서는 주로 일반 가정에서 제사를 지내는 불상을 제작하고 있으며, 사당의 요청에 따라 불상을 만들기도 하는데, 각 단계별로 사부들이 작업을 나누어 불상을 완성한다. 그중 린옌허 사부는 중학교를 졸업하고 '허청쉬안'에서 견습을 시작한 셰 사장의 제자로, 함께 일한 지 무려 30년이나 되었다. 과묵한 린 사부는 세부 조각 단계를 맡고 있으며 오로지 조각도의 움직임에만 집중하는데, 이제까지 그의 손을 거쳐 간 불상은 천 개가 넘는다고 한다.

황 사부는 초등학교 졸업 후 불상 조각을 시작한 지 43년이 되었고, 기초 외형을 만드는 첫 번째 단계를 맡고 있다. 셰 사장의 아들인 셰허위의 전문 분야는 채색이며, 모든 불상은 반드시 그가 채색해야 한다. 마지막으로 셰 사장이 눈동자를 그려 넣는 것으로 대만 전통의 불상 조각 작품이 완성된다.

입신의식

칠보

입신의식: 불상의 등 뒷면에 5위안짜리
동전 크기의 작은 구멍을 뚫어 향을 태운 재,
5곡의 종자와 오색실(사람의 오장 및 경맥을 표현),
루펑入蜂(입봉: 말벌 3마리를 신령을 매개하는 존재로 표현)
그리고 삼혼칠백을 뜻하는 칠보를 집어넣고
의식이 끝나면 나무 조각으로 밀폐한다.

since 1977
허청쉬안포쥐뎬 和成軒佛俱店
🏠 台南市民權路一段152號
📞 06-2228980
🕐 08:00~22:00 (연중 무휴)

台南公會堂

도심 속 비밀의 화원 _타이난 궁후이탕

반차오_{板橋}의 '린자화위안_{林家花園}(임가화원)', 신주_{新竹}의 '베이궈위안_{北郭園}(북곽원)', 우펑_{霧峰}의 '라이위안_{萊園}(래원)'과 함께 대만의 4대 정원이라 불리는 우위안_{吳園}(오원)은 당시 푸청에서 가장 부유한 소금 장수였던 우상신_{吳尚新}이 1830년, 정씨왕국_{鄭氏王國} 시대에 허빈_{何斌}의 정원을 구입하고 유명한 정원 기술자를 초청해서 장저우성 밖 비래봉의 모습을 본떠 돌을 쌓아 올려 만든 정원이다.

우위안은 도심 속 비밀의 화원처럼 궁후이탕 뒤에 숨어 있다. 주변의 고층 건물들이 마치 시멘트 정글처럼 늘어선 가운데 우위안의 누각, 회랑과 기이한 암석과 아름다운 돌들을 돌아보면 마치 시공을 초월하여 어느 대저택의 후원에 있는 것 같다. 난간에 비스듬히 기대어 한가로이 오후의 시간을 보내면 옛 문인과 선비의 정취를 느낄 수 있다.

일제강점기에 민관이 자금을 모아 민간조직인 '사단법인타이난공관'을 창립하고 우위안을 공공 집회장소로 선정하자, 우씨 집안의 후손들이 정치적 압력에 못 이겨 우위안의 토지를 약 1만 km²쯤 매각하여 조직으로 하여금 타이난궁관_{台南公館}(지금의 타이난 궁후이탕)을 지을 수 있게 해 주었다.

1911년에 완공된 이곳은 대만에 최초의 공공 집회 용도로 지어진 현대 건축물이 되었다. 궁후이탕에는 1929년에 지은 일본식 식당인 '류샤스탕_{柳下食堂}'이 있다. 그 식당은 타이난의 몇 안 되는 일제감점기의 식당인데 지금은 '펑차_{奉茶}'라는 이름의 찻집으로 운영하고 있어 당시 차문화를 엿볼 수 있다. 관광객들이 이곳에서 아늑하고 오래된 일본식 목조 가옥의 고요함과 대만 차의 아름다움을 느껴 보는 것도 운치 있을 것 같다.

궁후이탕은 현재 문화유산지구로 지정되어 있고, 유럽식 건축 요소, 일본식 식당과 청나라 정원 등 세 종류의 완전히 다른 스타일의 건축물이 모여 있어 상당히 매력적이다. 기회가 된다면 꼭 방문해서 건축적 특색과 역사적인 매력이 가득한 이 공간을 느리게 걸어 보자.

ⓘ Info
주소: 台南市民權路二段30號

since 1911

東嶽殿

지장보살과 동악대제를 모신 곳 _둥웨뎬

　푸청의 칠사팔묘七寺八廟*중의 하나이며 지금은 문화유산지구로 지정된 둥웨뎬東嶽殿은 1673년에 지었는데 웨디먀오嶽帝廟라고 부르기도 한다. 지옥과 저승을 관장하는 지장보살과 저승에서 죽은 사람을 재판하는 열 명의 대왕 가운데 동악대제東嶽大帝를 모신 곳이다. 어둠침침한 둥웨뎬에 들어가면 치예바예七爺八爺와 우두 귀신과 마두 귀신牛頭馬面(우두마면: 소머리, 말머리의 모습을 한 지옥을 지키는 염라대왕의 두 옥졸) 등 귀신들이 생생하게 살아 숨 쉬는 듯한 어슴푸레한 분위기는 마치 저승의 재판장으로 들어가는 듯한 분위기여서 사람들은 경외감을 느끼기도 한다.

　몇 번의 수리를 한 둥웨뎬이 1942년에 젠궈루(지금의 민환루)가 확장되면서 싼촨먼三川門(3개의 출입문)과 종루를 철거하고 돌사자 석상도 옮기면서 그 모습이 많이 달라졌다. 1979년에 민환루가 다시 확장되면서 바이뎬拜殿(신이나 부처에게 절하는 장소)을 철거하고 출입문도 거리 쪽으로 옮겨 그로부터 예전의 넓었던 모습과는 상당히 달라졌다. 현재는 정전正殿(본당)과 안쪽의 후전後殿만 원래의 상태를 유지하고 있다. 그래도 둥웨뎬 내부에는 옛 물품들이 많이 보존되어 있다. 예를 들면 청나라 도광제 시기에 정성을 다해 섬세하게 조각한 나무로 만든 제사상, 건륭제 시기의 예스럽고 소박한 석조 향로 그리고 역사적 의의가 가득한, 백 년도 넘은 몇 개의 편액이 걸려 있다. 이곳을 방문하게 되면 정성을 다해 절을 올리는 일 말고도, 둥웨뎬에 있는 소중한 옛 물건들을 자세히 감상하는 것도 놓치지 말았으면 좋겠다.

　둥웨뎬은 민속 법사法事(법회, 불교 행사)를 진행하는 것으로도 유명하다. 그중 대표적인 것이 '다청打城'이다. 자연사의 방식으로 죽음을 맞이하지 못하고 목숨이 끊긴 망자들의 영혼은 지옥에 있는 '왕쓰청枉死城'으로 간다고 믿었던 사람들이 있어 '다왕쓰청打枉死城' 법사가 생겨났다. 이는 왕쓰청에 있는 망자들의 영혼을 그 고통 속에서 벗어나게 하는 법사다. 이러한 법사는 동악대제를 모시는 사묘에서만 진행할 수 있다. 이러한 법사를 눈으로 직접 볼 기회가 주어진다면 무척이나 귀한 경험이 될 것이다.

東嶽殿。

* 칠사팔묘
  칠사: 開元寺, 法華寺, 竹溪寺, 彌陀寺, 龍山寺, 重慶寺, 黃蘗寺
  팔묘: 府城隍廟, 武廟, 大天后宮, 水仙宮, 藥王廟, 東嶽廟, 風神廟, 龍王廟

ⓘ Info
주소: 台南市中西區民權路
一段110號
전화번호: 06-2202322
개관 시간: 07:00~21:00

since 1673

左藤紙藝薪傳

전통적인 후즈공예糊紙工藝(종이로 사물을 만드는 수공예) 전문가인 홍밍훙 사장은 인물, 동물, 집과 건물의 모양을 만드는 솜씨가 매우 뛰어나다. 사람들은 후즈공예라고 하면 대개 장례문화를 연상하는데, 일찍이 후즈공예 산업의 90퍼센트는 혼사와 관계된 일이었고 상사는 10퍼센트 정도밖에 되지 않았다고 홍 사장이 말했다.

쭤텅즈이신촨
혼례와 장례에
쓰이는 수공예품

신을 모신 가마 앞을
장식하는 용머리

기쁜 일과 슬픈 일에 모두 쓰이는 공예산업은 사람의 일생과 매우 밀접한 관계가 있다. 예를 들면 아기가 태어난 지 한 달이 되면 외할머니가 선물을 하는데, 축복의 의미로 아기의 옷에 글자 모양으로 오린 붉은 종이를 달아 준다. 또한 대만의 16세 성인식에는 아이의 탄생과 성장에 관여하는 치냥마七娘媽(옥황상제의 일곱 번째 딸인 직녀와 그녀의 여섯 자매를 지칭함)를 위해 1미터 높이의 대나무와 종이로 된 정자 모양의 치냥마팅七娘媽亭을 주문하여 여러 해에 걸쳐 지켜 준 은혜에 감사드린다. 혼례의식을 치를 때 신랑 측에서는 하늘의 신령天公(옥황상제)에게 감사드리기 위해 톈궁팅天

公亭(옥황상제에게 바치는 제단)을 주문하고, 신부의 부모는 남자아이를 기원하는 의미로 쏭쯔관인送子觀音(아이를 점지해 주는 관세음보살. 우리나라의 삼신할미와 같은 역할) 상을 선물로 준다.

새로 짓는 집이 완공되어 그 공간에 원래 있었던 잡신과 악운을 내보내기 위한 제사를 지낼 때는 집에 들어가 살게 될 사람들을 잡신으로부터 막아 주는 의미로 톈거우天狗, 바이후白虎 등의 모습을 그린 부적을 만들어야 한다. 생일에는 선녀나 신선, 신령 등의 마스코트를 준비하거나 지폐로 만든 꽃들로 축하를 한다. 그리고 인생의 마지막 단계인 장례 의식에는, 조상들이 하늘나라에서 기거할 집을 종이 공예로 만들어 장식하는 '즈춰紙厝'가 필요하다.

예전에는 결혼과 생일축하 등 경사스러운 일을 맞이할 때면 후즈공예 제품이 가장 좋은 선물이었는데, 전통적인 관습이 점점 사라지면서 오늘날의 현대인들이 후즈공예에 대해 간직한 이미지라고는 '즈춰'밖에 남지 않아 매우 안타깝다.

둥웨뎬 옆에 있는 '줘텅즈이신촨左藤紙藝薪傳'의 제1, 2대 선조들은 청대에 진먼金門에서 관직을 역임했다. 국민당 정부가 대만으로 옮겨 온 다음 3대는 도사道司(고인이 된 사람들을 위해 법사도 하고 즈춰도 만든다)가 되었다. 제4대인 홍쿤룽 사장은 후즈 사업에만 집중한다. 처음부터 가게 이름은 없었는데 홍쿤룽 사장이 전 일본총리 사토 에이사쿠와 닮아 '홍사토洪佐藤'라는 별명이 생기자, 가게의 이름도 '사토'로 지었다. 지금의 제5대 사장은 홍밍홍이다. 그는 13세 때부터 조수로 일을 시작했는데 아버지뿐만 아니라 다른 스승들의 기예도 배웠다. 아들 홍궈린도 고등학교를 졸업하고 나서 십여 년 넘게 아버지를 옆에서 도와주며 집안 대대로 물려받은 후즈공예의 발전을 위해 온 힘을 다해 노력하고 있다.

홍 사장의 후즈공예 기술은 매우 정교하고 뛰어나다. 제작할 때 먼저 대나무로 받침대를 만들고 신문지로 겉모양을 붙여 나가는데 신문지는 쉽게 끊어지지 않고 섬유질 함량이 높아 종잇조각을 빚기에 적합하다. 종이 공예 기법을 사용해서 입체적으로 만든 다음 채색한 후에 색종이나 천으로 옷의 질감과 주름을 표현한다. 모자 종류는 두꺼운 종이로 만들고 마지막에 각종 문양으로 설계해서 오려낸 전지로 장식한다. 후즈 산업은 자르기, 붙이기와 빚기 등의 수공예 기술을 집약한 것으로 조형 비율, 재질 사용, 색채 배합, 의복과 그 부품에 대한 고증과 연구 또한 매우 중요하다. 가게의 훌륭한 작품들을 하나하나 보면 후즈공예라는 것이 오늘날에 이르기까지 얼마나 전승하기 어려운 분야인지 감탄하게 된다. 여러 장르의 예술적 기법을 결합한 민간 수공예의 걸작답다.

'줘텅즈이'는 가게에 전해 내려오는 고유의

즈취 만들기

수작업 장인들

신문지로 모양 빚기

작품 외에도 현대적인 재료를 매개로 한 창의적인 아이디어로 후즈공예에 신선한 기운을 불어넣고 있다. 가게는 장례용품을 위주로 영업하고 있으며 사당과 사찰, 가묘에 제단을 차리고 기도하는 일, 축제 장식, 절기에 따라 화등花燈을 장식하는 업무도 병행하고 있다. 가게를 스케치하고 있는 나에게 훙 사장은 대부분의 젊은이들은 후즈공예와 같이 힘들고 고생스러운 기예技藝에는 관심이 별로 없다고 담담하게 말했다. 비록 아들이 이 일을 물려받겠다고 하지만 이백 년을 이어온 기술은 결국 맥이 끊기게 되리라는 것이 훙 사장이 걱정하는 바였다.

아마도 이런 걱정이 줄곧 마음에 걸려서인지 훙 사장은 가게에 들어와 이것저것 묻는 관광객들에게 친절하게 설명하고 있었다. 한 명이라도 더 많은 사람들의 기억에 남을 수 있도록.

백 년 가게

쮜텅즈이신촨 左藤紙藝薪傳
🏠 台南市民權路一段116號
☎ 06-2279098
🕐 12:00~22:00(부정기 휴무)

明章榻榻米

밍장다다미
기억 속의
볏짚 냄새가
나는 다다미

'밍장다다미明章榻榻米'에 가면 어린 시절의 추억이 떠오른다. 초등학교 3학년 때 우리 부모님이 아이들에게 각각 다다미를 사 주셨다. 다다미의 재질이 너무 딱딱하지도 너무 말랑말랑하지도 않으며, 겨울에는 따뜻하고 여름에는 시원해서 셋이 각자의 다다미를 나란히 늘어놓으면 집 안이 놀이터가 되었다. 다다미의 돗자리 바닥에서 올라오는 냄새가 아주 은은하고 매력적이어서 나는 종종 누워서 그림을 그리고 놀다가 피곤하면 바로 다다미에 쓰러져 깊이 잠이 들곤 했다. 다음에 이사를 가게 된 집에 다다미를 놓을 곳이 없었기 때문에 내 어린 날의 볏짚 냄새 가득했던 다다미 방의 추억은 사라졌다.

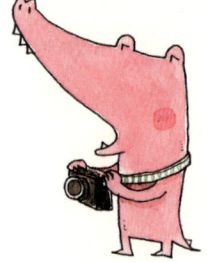

'밍장다다미'의 제1대 사장인 홍스밍 할아버지는 자리싱佳里興(타이난시 행정구역의 하나) 출신으로, 14세부터 다다미를 제작하기 시작했다. 1960년부터 민촨루의 여러 곳을 옮겨 다니며 네 차례 가게를 열어 운영해 오다가 1963년에야 현재의 장소에 자리를 잡았고, 그로부터 다다미와 함께한 지 수십 년이 지났다. 홍스밍 할아버지는 다다미 만들기를 평생의 업으로 삼고 60년 넘는 세월을 볏짚 냄새 속에서 지낸 것이다. 매일매일 20킬로그램도 넘는 무게의 다다미를 끝도 없이 바느질하며 만드셨다고 한다. 할아버지를 스케치하면서 그 재빠른 솜씨와 건장한 모습에 혀를 내두르지 않을 수가 없었다. 올해 연세가 82세인데 전혀 그 나이로는 보이지 않았기 때문이다.

홍스밍 할아버지는 젠궈루가 예전에는 굉장히 번화한 거리였다고 했다. 한창 가게가 잘될 때는 6~7명의 사부가 있었고, 당시 할아버지의 체력이 하루에 다다미 15~16장 정도는 거뜬히 만들 수 있어 각급 기관의 단체 주문도 처리할 수 있었다. 둥먼위안환東門圓環(둥먼 로터리) 자리에 육교가 개통되자, 아쉽게도 사람들이 보아

수작업 장인들

자르기

재봉

다다미 제작 과정

1. 자르기: 다다미를 받침대에 올리고 필요한 치수에 맞춰 강철로 된 칼로 자른다.
2. 재봉: 다다미를 받침대 올리고 다다미 전용 재봉기로 가장자리를 재봉질한다.
3. 바느질: 기계가 재봉질한 가장자리를 손바느질로 마무리해 내구성 강한 다다미를 완성한다.

바느질하기

걸어서 사용함

이루博愛路(지금의 베이먼루)로 점차 발길을 옮기기 시작했다. 게다가 시대가 바뀌고 발전해 가면서 각종 새로운 매트리스가 생산되고 있어, 다다미 업계의 영업이 어려워지고 수요도 줄었다. 할아버지는 오늘날까지 모든 다다미를 수작업으로 만드는 원칙을 지켜 왔다. 지금은 많은 공정을 기계로 대치할 수 있지만, 할아버지는 여전히 손맛의 온기를 느낄 수 있는 수작업을 통해 전통적인 장인 정신을 다다미 하나하나에 담고 싶어 한다.

아들인 제2대 사장은 이미 세상을 떠났기에, 손자인 홍웨이진이 전통적인 기술을 이어받기를 원한다는 사실이 할아버지로서는 아주 큰 위로가 된다. 제3대 사장이 될 홍웨이진은 군에서 제대한 후 할아버지에게 6년간 기술을 익혔다. 수줍고 말수가 적은 그를 보면 늘 옆에서 조용히 일하고 있다. 공부를 잘 못해서 다다미를 만들게 됐다고 웃으며 말하지만, 어렸을 때부터 이 사업을 보면서 자란 그에게는 볏짚 냄새가 떼려야 뗄 수 없는 성장의 추억이지 싶다. 홍스밍 할아버지는 다음 날 곧바로 작업에 들어갈 수 있도록 그날의 일이 끝나면 언제나 잊지 않고 손에 쥐고 있던 다다미 재단용 일제 칼의 날을 날카롭게 갈아 둔다. 수십 년 동안 한결같이 원칙을 지켜 온 할아버지의 모습을 보면서 매일 함께 생활하는 손자에게는 달리 말이 없어도 그 가르침이 잘 전승될 것이다. 할아

무려 20킬로그램이나 나가는 다다미는 겨울에는 따뜻하고 여름에는 시원하며, 습기를 막아 주어 오래 사용할 수 있다.

버지와 손자가 한결같은 눈빛으로 일하는 모습을 지켜보면서 나는 깨달았다. 기술뿐만 아니라 점점 더 쇠퇴해가는 장인 정신도 함께 이어받게 되리라는 것을.

자연 그대로의 볏짚 냄새가 나는 다다미에서 자면 허리와 등이 아프지 않고, 정기적으로 잘 닦고 관리만 해 준다면 8년은 사용할 수 있다. 겨울에 따뜻하고 여름에 시원하며 흡습 효과가 뛰어난, 환경보호에 도움이 되는 재료로 만든 다다미에서 옛사람의 친환경적인 지혜가 더욱 잘 드러난다.

since 1960
밍장다다미 明章榻榻米
台南市中區民權路一段18號
06-2225283
08:00~21:30 (부정기 휴무)

제1대 예톈룽 사장은 집안 형편이 어려운 데다가 어렸을 때 어머니를 잃고, 과일 빙수 가게를 운영하는 어른으로부터 빙수 만드는 기술을 배운 다음 빙수 장사를 시작했다. 당시 가게의 이름은 손님들이 '마음이 시원해지면 식욕이 생긴다.'는 의미의 신량피두카이心涼牌肚開에서 마음心과 같은 발음인 새롭다新를 넣어 '신량량빙궈스新涼涼冰果室'로 지었다. 40여 년 전 상표를 등록할 일이 생겼을 때 가게 이름을 '타이양파이太陽牌'로 바꿨다. 손님들이 태양을 볼 때마다 가게에서 파는 빙수를 떠올리기를 바라는 마음에서였다.

'타이양파이'는 처음에는 주로 거리와 골목의 노점상에게 타로 빙수를 공급하는 도매상이었다. 당시 빙수를 팔던 사람들 대부분이 본토에서 대만으로 온 국민당 정부의 군대에서 제대한 노병들이었다. 빙수가 가장 많이 팔렸던 시기는 1960~1970년대였는데, 휴일이면 하루에 2톤의 타로 빙수가 팔렸고, 거리에는 '차오후 타로 빙수'를 외치면서 호객을 하는 상인들의 목소리가 가득 차곤 했다. 초기에는 관먀오, 런더, 혹은 궤이런 등 먼 곳에서 자전거를 타고 빙수를 사러 오는 소상인들이 꽤 많았고, 심지어는 가오슝에서도 왔다고 하니 '타이양파이' 타로 빙수가 당시에 얼마나 인기가 있었는지 알 수 있다. 나중에 대형 브랜드들이 기계로 생산하는 빙과류 제품을 출시하고, 빙수를 팔던 노병들이 세상을 떠나자 '타이양파이빙핀'의 도매사업도 점점 쇠퇴하기 시작했다. 그래서 타이난의 초·중등학교를 상대로 빙과 영업을 시작해 백 대 이상의 덴마크제 냉동고를 구입하고 각 학교마다 냉동고를 설치했다. 당시 이 기기들을 구입하는 데 들인 비용이 거의 집 한 채 가격! 하지만 1997년 교육부에서 초·중등학교에서 당분이 함유된 식품의 판매를 금지하는 규정을 제정하면서 '타이양파이'는 학교를 대상으로 한 장사를 접었다.

'타이양파이'의 제1대 사장은 30여 년 전에 가게를 인수하면서 제빙 설비를 개선하여, 건강하고 위생적인 제품이라는 점을 부각시킨 전통적인 맛의 수제 아이스바를 생산했다. 팥, 땅콩, 타로, 쌀떡 등 19가지의 특별한 맛이 수십 년의 세월을 거치면서 이제는 가장 그리운 옛날의 맛이 되었다. 우유 팥빙수는 제1대 사장의 부인 예차이루이후이 씨가 개발했다. 먼저 우유에 거품을 내어 네모난 덩어리로 얼린

타이양파이빙핀
행복이 가득한
옛날 빙수 가게

패션프루트포도

우유 팥빙수

눈꽃처럼 가벼운 우유 빙수가 입에 들어가자마자 녹는다. 푹 무르게 삶은 팥과 함께 먹으면 무더운 여름 더위를 식히기에 그만이다.

차오후 타로 빙수

땅콩
타로(토란)
매실
파인애플
우유
팥
패션프루트
(일곱 가지 맛)
다섯 가지를 선택하면 45위안

아이스바

선디 아이스크림

다. 이렇게 얼린 우유로 빙수를 만들면 부드럽고 향기가 짙다. 맛좋은 농산물 산지인 핑둥屛東의 팥을 줄여서 넣고 연유를 첨가하는데, 팥 알갱이가 하나하나가 살아 있으면서도 맛은 아주 부드럽다. 처음 출시했을 때에는 하루에 한 그릇만 팔린 날도 있었지만, 맛있다는 입소문이 나면서 가게의 대표 메뉴가 됐다. 그 후 타이양파이 딸기포도 빙수와 패션프루트 빙수 등이 잇달아 나오고, 계절 한정 메뉴까지 생겼다.

제2대 예진룽 사장은 가게를 물려받아 좋은 원료를 사용한다는 부친의 원칙을 지켜 가며 수작업으로 빙과류 제품을 만든다. '타이양파이'에서 만든 빙수를 입에 머금고 천천히 녹이면서 그 부드러운 입맛을 느껴 보자. 행복이 가득한 추억의 옛날 빙수의 맛을.

---

since 1957

타이양파이빙핀 太陽牌冰品

🏠 台南市中西區民權路一段41號
☎ 06-2259375
🕐 여름 8:00~21:30, 겨울 10:00~21:30
(연중 무휴)

進德成竹籐店

사람들이 '진더청進德成'에서 받는 첫인상은 '추억의 살림도구 전문점'이 아닐까 싶다. 가게 안에 들어서면 요람, 짚신, 전통적인 쇼핑백 체즈다이, 라오멘을 만들 때 사용하던 국수 건지개, 돌절구, 전통적인 대나무 바구니 셰란, 이자오椅轎(대만의 전통의자) 등 농경시대의 물건들이 바로 눈에 들어온다. 마치 옛 모습을 재현한 작은 전시회 같다. 일찍이 대만에서는 대나무와 부들을 많이 사용해서 생활용품을 만들었다. 예를 들면 부들을 햇볕에 말려 별다른 가공을 하지 않고 곧바로 엮어서 1950년대 주부들이 과일이나 채소를 살 때 꼭 필요한 바구니인 푸바오蒲包를 만들었다. "이제는 주부들이 푸바오를 갖고 다니며 장을 보는 모습을 볼 수 없지만, 푸바오는 보온도 되고 음식을 보관할 때 풍미를 유지해 주는 기능이 있어 쌀과자를 파는 가게에서 아직도 많이 사용하며, 또 가끔은 푸바오를 사서 자기만의 독특한 배낭을 만드는 젊은이들도 있다."고 사장인 덩 할머니가 말했다.

진더청주텅덴
추억의 살림도구와 생활용품

셰란 (선물용 바구니)

라오멘 국수 건지개

주란 (대바구니)

덩 할머니는 올해 여든을 훨씬 넘긴 나이지만 몸은 아직도 정정했다. 민촨루가 확장되기 전의 '진더청'은 붉은 벽돌로 만든 집이었다. 당시에는 '진더청' 점포 두 곳에서 대나무로 엮은 각종 생활용품이 잘 팔려서 번창했지만, 시대가 변하면서 사람들의 생활습관이 달라졌다. 그날그날 찾아오는 사람들은 대부분 단골이거나, 지나던 길에 신기한 물건이라고 생각하고 들어오는 관광객들뿐이라 손님은 많지 않다. 덩 할머니는 이제 나이도 들었고, 소일거리 삼아 가게를 지키는 것이지 '경제적인 압

수작업 장인들

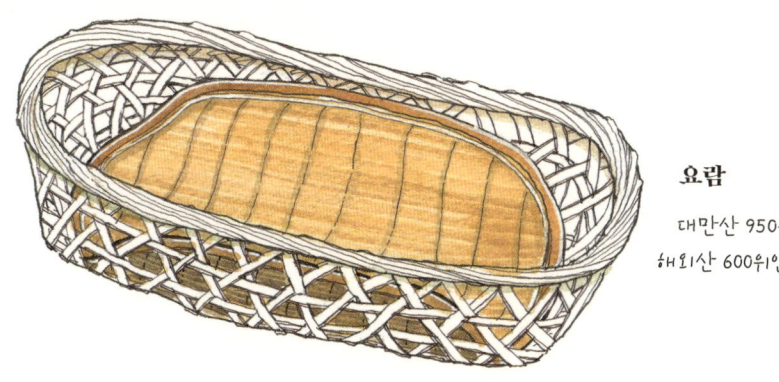

요람
대만산 950위안
해외산 600위안

돌절구

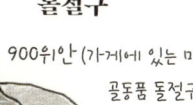

900위안 (가게에 있는 마지막
골동품 돌절구 세트라는
사장님의 설명)

이자오

어른과 아이 모두
사용 가능한 의자

→ 어른이 앉을 때

→ 아이가 앉을 때는
(옆으로 뉘어서 사용하면 된다)

민촨루 노포 산책　55

박감은 없다'고 하면서도 내게 대만의 특산물을 판매하는 것을 잊지 않았다.

덩 할머니는 제3대 사장의 부인이다. 처음에 끈(삼노끈이나 짚으로 꼬아 만든 새끼)을 취급하는 가게로 시작했던 '진더청'은 나중에 대나무 제품 판매업소로 바뀌었다. 1969년부터 그녀가 가게를 지키기 시작했는데, 눈 깜짝할 사이에 어느덧 40년이 지나갔다. 초기에는 관먀오에서 만든 대나무 제품을 주로 팔았다. 대나무는 3년생의 자연산 친환경 재료이며, 만들어진 죽세공품의 대부분이 농경사회의 생활용품이었기에 당시 대나무 공예의 발전에 커다란 기여를 했다.

하지만 이제 나이든 대나무 수공예 사부들은 거의 퇴직하거나 세상을 떠났다. 다음 세대는 이윤이 적어 대를 이으려 하지 않는데다가 시장에는 가격이 저렴한 수입산 대나무 제품들이 많아져, 한 시대를 풍미했던 대나무 공예 시장은 그 입지가 점점 좁아지고 있다. 사정이 이렇게 되고 보니 관먀오에서 나오는 수공예품은 이제 오히려 희귀한 물품이 되었다. 덩 할머니가 나이 든 사부에게 작업을 부탁하려고 통화할 때 옆에 있었는데, 노사부가 "많이 늙었어, 늙었어. 이제 은퇴해야 할 텐데. 우리 아이들도 이젠 대나무 만지는 거 그만하라고 그러네."라고 대답하는 소리가 들렸다.

'진더청'의 상황에서 수공업계의 무력감을 맛보았다. 이미 철 지난 물건처럼 되어 버린 대만의 전통공예 현실이 마음을 울컥하게 만든다. 게다가 대만의 기후는 습도가 높아서 대나무로 된 물품에 쉽게 곰팡이가 피거나 좀이 슬기 쉬워서, 잔뜩 쌓아 놓은 제품들이 팔리기도 전에 손해를 본다고 덩 할머니가 말했다. 최근에 '진더청'을 한 번 더 방문했더니, 덩 할머니는 쌓인 재고 물품들을 다 팔면 가게를 운영하지 않겠다고 했다. 여러분들이 나중에 가게에 갔는데 텔레비전을 시청하면서 가게를 지키는 할머니를 만날 수 없다면, 백 년의 역사를 지닌 '진더청'이라는 상호가 이미 역사 속으로 사라졌다는 의미이다.

채소를 담던 옛날 장바구니를 추억하며

> **백 년 가게**
>
> 진더청주텅뎬 進德成竹籐店
> 🏠 台南市民權路一段43號
> 🕗 08:00~19:00 (부정기 휴무)

먹거리 맛보기

타이난의 오래된 가게들 대다수가 눈에 잘 띄지 않는데, '쑤자-젠궈샤런러우위안蘇家蝦仁肉圓'도 그런 곳들 중의 하나다. 맛을 본 적이 없다면 이 가게가 어떻게 80년 넘게 푸청에서 장사를 할 수 있었는지 이해하기 어려울 것이다.

蘇家-建國蝦仁肉圓

쑤자-젠궈샤런러우위안
부자들이 즐기던 달콤한 맛

워궈

25위안, 타로 향기가 짙다.
와사비와 다진 마늘을 찍어 먹으면 더 맛있다.

러우겅

35위안, 추억을 부르는 맛.
저렴한 가격으로 이렇게 많은 고기를
먹을 수 있다니 정말 가성비가 좋다.

완궈

30위안

1931년쯤 제1대 쑤쑹과 그의 아들이 함께 샤런러우위안을 팔다가 나중에 큰아들인 쑤수건이 가게를 물려받아 제2대 사장이 되었다. 쑤수건의 자녀들은 가업을 이을 생각이 없어, 20살 이상 나이 차가 나는 쑤수건의 막내 동생 쑤푸훙이 가게를 물려받았다. 가족 사업체들에서는 보기 드문 형제 전승이다. 처음에는 쑤씨 집안은 사카리바沙卡里巴(현재의 캉러시장)에서 가게를 열었다. 그 후 칭녠루에 있는 둥차이스東菜市로 옮겼다가 둥먼위안환에 자리를 잡았다. 1968년에 둥먼위안환이 정비되면서 그 다음 해에 집을 옮겨 현재의 위치에서 영업을 하게 되었다. 가게의 메뉴에 있는 요리들은 매일 제2대 쑤푸훙 사장이 직접 만들고 있으며, 제3대인 쑤린이 아버지를 도우려고 집에 돌아온 지 5년이 넘었다. 아버지는 음식 재료를 준비하고 요리를 맡고 있으며, 쑤린은 판매를 담당하는 등 각자의 일에 집중하면서 집안의 맛을 지키고 있다.

러우위안肉圓(미트볼, 고기완자) 요리를 장화彰化현에서는 기름으로 튀기고 펑둥屏東현에서는 물로 찌지만, 이 두 가지와 달리 타이난의 러우위안肉圓은 '샤런蝦仁(새우 속살) 러우위안'으로 유명하다.

'젠궈샤런러우위안'에서는 싱싱한 새우살에, 고기는 덩어리가 아닌 러우짜오를 선택하고, 그들만의 특별한 제조법으로 만든 피를 입혀 2시간쯤 찌면 맛있는 음식이 나온다. 러우위안은 외피가 부드러우면서도 쫄깃하고, 한입 베어 물면 싱싱한 새우와 맛난 러우짜오의 맛이 입안 가득 퍼진다. 비장의 레시피로 만든 소스는 진하면서도 전혀 느끼하지 않다. 가게만의 비법 소스는 진하게 우려낸 육수에 독자적인 방식을 써서 끓여 낸 것으로, 이 맛은 오랜 세월 유지해 온 타이난의 전통적인 달콤한 맛이다. 달콤하게 만드는 이유는 설탕이 예전에는 비싼 식재료에 속해서 부유한 집에서만 맛볼 수 있어, 요리에 설탕을 많이 넣으면 넣을수록 재력을 과시할 수 있었기 때문이다.

부자들의 식습관이 점차 일반 서민들의 생활에도 영향을 주게 되어, 타이난 사람들에게는 무의식적으로 요리에 설탕을 넣어 먹는 '식문화'가 생겨났다. 그러므로 타이난에 와서 샤오츠小吃(간식, 간단한 음식)를 먹으며 이곳의 지역 문화가 만들어 낸 '로컬 푸드'를 체험하고 옛날 부자들의 음식 특성을 감상하는 것, 잊지 마세요!

자셴甲仙에서 생산한 타로로 만든 '워궈芋粿'를 추천한다. 타로의 식감과 맛을 즐길 수 있도록 한 조각만 잘라서 먹어 봐도 입안에 향기가 가득 퍼진다.

완궈碗粿는 부드럽고 쌀맛이 진하며 달걀 노른자, 고깃덩어리와 버섯 등 다양한 재료들이 들어 있다. 추억의 러우겅肉羹(고깃국)도 맛이 기가 막히다. 물녹말을 풀어 넣어 걸쭉한 국물이 새콤달콤 맛있어서 한 그릇만 먹어 봐도 만족스럽다. 부추를 곁들인 위완탕魚丸湯(소로 다져서 양념한 고기를 넣은 생선완자탕, 어묵탕)은 달콤한 국물에 생선완자의 싱싱함이 맛을 더한다. '쑤자'는 아직까지는 지점을 열겠다는 생각은 없고, 본점의 경영에만 집중하고 있다. 오랫동안 맛에 대한 원칙을 꾸준히 지켜야 오래오래 손님들의 발길을 잡아 둘 수 있다.

since 1930
쑤자-젠궈샤런러우위안 蘇家-建國蝦仁肉圓
🏠 台南市民權路一段45號
📞 06-2246608
🕘 09:00~18:00(부정기 휴무)

廣興肉脯店

8월의 한여름에 나는 '광싱러우푸뎬廣興肉脯店'의 숯불화로 옆에서 스케치를 하고 있었다. 옥상에 있는 건조작업 구역에는 에어컨이 없고, 딱 한 대 있는 공업용 선풍기가 돌아가면서 내는 삐걱거리는 소리만 들렸다. 뜨겁게 달구어진 고온의 열기가 폐부 깊이 파고들었고, 내가 흘리는 땀방울이 턱선을 따라 떨어져 스케치북에 배었다. 사장 부자가 직원들과 함께 불에 육포를 뒤집으며 건조하는 모습을 나는 침착하게 집중해서 보기 어려웠지만, 일에 집중하는 두 사람의 눈빛에서 아버지에서 아들에게로 전해지는 '부자전승'이 어떤 것인지를 충분히 엿볼 수 있었다.

광싱러우푸뎬
숯으로 구운
맛있는 육포

별명이 '검은콩 아저씨'인 니옌덩은 13세부터 탕산唐山(중국의 지명)의 사부를 따라 타이창러우쑹太倉肉鬆(소나 돼지의 살코기 또는 생선을 말려 간장·향료 따위를 넣고 보송보송하게 잘게 찢어 만든 식품)의 가공기술을 배우기 시작했다. 처음에는 멜대에 메고 걸어 다니며 팔다가, 1921년에 수이셴궁水仙宮 근처에 첫 번째 가게를 열었다. 검은콩 아저씨의 훌륭한 솜씨가 인정을 받아 분점을 여러 개 냈고, 장사가 잘돼서 20~30명의 직원을 둘 때도 있었다. 나중에는 공급받는 재료의 품질을 유지하기 위해 양돈업, 청과업, 심지어는 과일 절임 제조사도 운영했다. 안타깝게도 제2차 세계대전 이후 가게와 공장이 불에 타는 바람에 빚을 많이 지게 됐고, 1948년에 지금의 위치로 가게를 옮겼다. 아저씨가 돌아가신 후 그의 아들이 사업을 물려받으려고 하지 않아, 부인인 천구이화 여사가 광싱러우푸뎬을 지키며 후대가 물려받을 때까지 기다렸다.

제3대 천민더 사장은 군에서 제대를 하고 나서 전공인 건축을 공부하던 중, 가업을 잇고 장사에 집중하기 위해 좋아하는 일을 포기할 수밖에 없었다. 천 사장은 공장의 위생 상태를 중시해서 직원들이 일을 마무리하면 바로 청소를 시작한다.

깨끗한 작업 환경에서 품질 좋은 제품을 생산하면서 천천히, 조금씩 '광싱러우푸뎬'의 명성을 되찾아 갔고, 가게는 다시 유명해졌다. 품질을 신경을 쓰는 천 사장은 분점을 낼 생각이 없다. 맛을 유지하려면 수작업으로 육포를 만들어야 하므로 대량생산을 할 수 없기 때문이다. 단일 점포 경영을 원칙으로 '헤이더우보의 러우푸뎬'의 훌륭한 맛을 정성으로 이어간다는 것이 대대로 운영해 온 집안 사업을 든든히 받쳐 주는 기본정신이다.

얼굴 가득한 환한 미소. 제4대 천젠청 사장에게서 받은 첫인상이었다. 집안의 장남인 그가 일을 물려받은 지는 10여 년이 되었다. 나는 가게에서 스케치를 하면서 그가 늘 미소를 지으며 고객들에게 상품을 소개하고, '가장 신선한 돼지고기만 사용한다.'는 가게의 원칙을 자랑스럽게 말하는 모습을 지켜보았다. 실제로 '광싱러우푸뎬'은 고기의 품질을 지키기 위해 새벽 3~4시에 도축해서 바로 공장에 배송되도록 주문을 넣는다. 그래야 고기의 탄력 있는 식감을 유지할 수 있기 때문이다. 무엇보다 가장 중요한 사실은 '광싱러우푸뎬'이 대만에서 아직도 숯으로 돼지고기를 굽는 보기 드문 가게들 중의 하나라는 점이다.

대만의 용안 숯으로 고기를 굽기 위해 '광싱러우푸뎬'은 둥산東山구의 농민과 함께 숯가마를 운영한다.

매년 5회씩 가마에 불을 때야 1년 사용량인 만오천 근(1근은 약 600그램)의 용안 숯을 얻을 수 있다. 소비자의 눈길이 닿지 않는 곳에도 마음을 쓰는 '광싱러우푸뎬'의 이러한 경영 태도와 좋은 품질은 입소문을 탔다. 매출 실적이 경기에 전혀 영향을 받지 않아야 선정될 수 있는 '최적의 브랜드'로 3년 연속 선정될 수 있었던 까닭이다. 바로 실력이 있어야 명성도 얻을 수 있다는 걸 말해 준다!

'광싱러우푸뎬'의 옛 모습이 담긴 사진이 생

각나면서, 그 사진 속에서 오랜 세월이 흘러도 변하지 않는 가게의 정신이 마음속 깊이 느껴졌다. 가게에는 가득한 열기와 육포의 맛있는 냄새가 뒤섞여 있다. 순간 나는 백 년 동안 푸청을 감싸고돌던 이 맛이 바로 '경영 방침을 이어받아 전통적인 맛을 고수하는 것'이라는 사실을 이해하게 됐다. 간단하면서도 얼마나 깊은 의미인지!

푸청에 그 맛이 널리 알려진 육포와 러우쑹을 담는 80년 된 옹기

육포 만들기

1. 양념한 고기를 대나무로 만든 채반 위에 고르게 놓고 건조로에서 말린다.
2. 건조된 돼지고기를 수작업으로 모양을 잡아 일정하게 만든다.
3. 직원들이 능숙하게 고기를 구우면서 육즙을 잃지 않도록 빠르게 뒤집어야 딱딱해지지 않는다.

먹거리 맛보기

since 1921
광싱러우푸뎬 廣興肉脯店
🏠 台南市府前路一段90 巷62 號
☎ 06-2227447 🕗 07:30~20:30(연중 무휴)

민촨루 노포 산책 63

차항茶行(차 도매상) 제4대 사장인 옌찬칭 어르신을 처음 만났을 때, 그는 이미 90세의 고령이었다. 언젠가 친구와 함께 가게를 방문했을 때, 친구가 같이 사진을 찍자고 부탁했더니 민소매 러닝셔츠만 입고 있던 옌 할아버지가 잠깐 기다려 달라고 했다. 사진을 찍으려면 반드시 옷차림이 단정해야 한다면서. 옌찬칭 어르신은 2011년에 세상을 떠나고, 지금은 둘째 아들인 제5대 옌홍쥔이 가게를 물려받아 운영하고 있다.

전파차항
몸과 마음을
녹이는 차

1860년에 개업한 '전파차항振發茶行'의 제1대 옌주 사장의 본적은 중국 푸젠성 취안저우시인데 대만 이주 초기에는 북쪽인 타이베이의 다다오청大稻埕에 정착했다가 나중에 타이난으로 옮겼다. 처음에는 궁허우제宮後街 거리에서 '성파첸좡盛發錢莊(첸좡은 개인이 운영하던 금융기관)'이란 금융업 점포를 운영하다 다른 사람의 보증을 잘못 서는 바람에 도산했다. 그 후에 전업을 하여 푸젠의 우이산武夷山(세계문화유산으로 지정된 중국 푸젠성의 유명한 산)에서 생산한 차만 취급하는 '성파차항盛發茶行'을 열었고, 나중에 현재의 민촨루로 옮겨 왔다. 지금의 가게에 있는 오래된 나무 현판에는 '전파振發'라는 두 글자가 새겨져 있는데 원래 그 자리에 새겨져 있던 글자는 '성

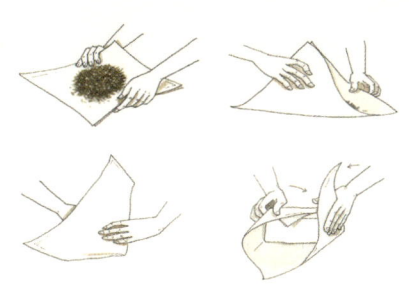

수작업으로 포장하는 차

파盛發'였다고 한다. 당시 경제적으로 어려움을 겪고 있어 돈을 절약하느라 전에 사용했던 현판에 있던 글자를 파내고 새로운 글자를 다시 새긴 것으로, 자세히 보면 '성盛'자에서 '전振'자로 바뀌었다는 걸 알 수 있다.

'전파차항'은 타이난에서 최초로 공식 등록한 차 도매상이다. 초창기에는 차를 파는 상인에게 차통을 임대하고 할부로 천천히 갚는 식이었다. 차통에 붙어 있는 붉은 종이에 산山 이름들이 쓰여 있는 것을 보고 옛날 사람들이 이런 방식으로 차 종류를 분류했다는 사실도 알게 됐다. 차통에는 눈에 잘 띄지 않는 오목한 흔적들이 있었다. 태평양전쟁 때 공습을 피하려고 급하게 소달구지에 차통과 차선반을 싣고 궤이런으로 피란을 갈 때 도로가 평탄하지 못해 차통들이 이리저리 부딪치면서 그렇게 되었다고 한다.

가게에 있는 나무 책상도 아주 흥미로웠다. 커다란 궤처럼 생겼는데, 책상 위에 작은 구명이 있었다. 손님에게 받은 돈을 넣기 위해 만든 것으로, 사장은 안쪽에서 돈을 자유롭게 꺼낼 수 있지만, 바깥쪽에 있는 사람은 돈에 손을 댈 수가 없게 되어 있었다. 이게 바로 옛날 사람들이 돈을 도둑맞거나 약탈당하는 걸 막기 위한 설계였다. '전파차항'은 아직까지는 수작업으로 찻잎을 포장하고 있는데, 현재까지 푸청에서 유일하게 이런 서비스를 제공하는 오래된 차항이기도 하다. 나는 옌 할아버지가 마오벤즈毛邊紙(대나무 섬유로 만든 미색 종이) 두 장을 꼼꼼하게 접어 가며 찻잎을 직사각형으로 포장한 후, 소뼈로 만든 오래된 도장을 꺼내 빨간색으로 상호를 찍는 모습을 지켜보았다. 습기를 흡수하면 찻잎의 맛이 변하기 때문에 포장된 찻잎을 다시 투명한 비닐봉지에 넣고 밀봉해 준다. 손으로 포장하는 모습에 감동을 받아서인지, 손의 온기가 느껴지는 이 차를 마시면 더 따듯하게 느껴진다.

since 1860
전파차항 振發茶行
🏠 台南市民權路一段137號
☎ 06-2223532 🕙 10:00~18:30

'완찬하오萬川號'는 1871년에 문을 연, 타이난에서 가장 오래된 과자 가게다. 제1대 천위안 사장은 형제와 함께 '완순빙뎬萬順餅店'을 운영하다가 나중에 분가하면서 가게 이름을 '완찬萬川'으로 변경했다. 완순萬順에서 완萬자를 따오고 '찬川'은 순順자의 왼쪽 절반 부분만 가져온 것으로, 형제가 분가하여 독립했다는 의미에서 이름을 그렇게 정했다고 한다.

완찬하오
타이난에서 가장
오래된 과자 가게

천위안 사장은 원래 쓰싸오 항구에서 바오쯔包子(만두, 찐빵)와 수이징자오水晶餃(반투명한 만두)를 팔았는데, 돈을 모아 현재의 가게를 매입하여 개업했다. 지금은 제4대 천관저우와 천관닝 형제가 가게를 물려받아 시대의 변화에 맞춰 건강과 위생 등 식품안전관리를 중시하는 기업경영 방식으로 운영하고 있다. 중국식 과자류의 '현대화'도 형제들이 주력하는 목표로서, 새로 도입한 기업 이념이 백 년 가게에 새로운 활력을 가져오기를 기대해 본다.

143년 동안 '완촨하오'는 전통적인 방식으로 만들고 신선한 재료를 사용해 왔다. 많은 사람들이 좋아하는 러우바오肉包(고기소를 넣은 만두, 고기 왕만두)에는 신선한 돼지고기 다짐, 표고버섯과 소금에 절인 오리 알 노른자로 만든 소가 들어 있다. 쫄깃한 만두피를 한입 베어 물면 육즙, 표고버섯, 오리 알의 맛이 느껴지는 만두소가 입안 가득 퍼지는데 느끼하지 않고 개운한 맛이다.

수이징자오水晶餃는 만두피가 쫀득하여 씹는 맛이 있고, 시중의 다른 가게보다 사이즈가 크다.

특제 소스는 얌yam(고구마와 비슷하게 생긴 식물. 콩감자. 중국 북부에서는 고구마, 남부에서는 콩으로 부르기도 한다) 전분이 들어간 만두피와 함께 절묘한 조화를 이룬다. 전통 중국식 과자와 떡으로는 구이화가오桂花糕(계화떡, 찹쌀가루와 월계수 향이 조화를 이룬다. 설탕과 꿀을 넣어 달콤하며, 먹기 좋게 긴 나뭇가지를 꽂아 준다), 푸링가오茯苓糕(망개떡), 몐펀쑤麵粉酥(페이스트리 종류), 헤이탕궈黑糖粿(흑당 케이크), 뤼더우가오綠豆糕(녹두 케이크), 셴가오鹹糕(소금 케이크), 뤼더우펑綠豆椪(녹두병), 사시빙沙西餅(사시는 중국 푸젠성의 지명), 즈마라오芝麻荖(참깨 유과. 쌀반죽을 튀겨낸 뒤 참깨를 뿌린 과자), 샹빙香餅(씨앗이 든 과자) 등이 있다. '완촨하오'의 전통적인 맛을 살린 제품들은 어린 시절의 기억 속에 남아 있던 맛들을 하나하나 떠올리게 해 주며, 타이난에서 매우 인기 있는 기념품이기도 하다.

수작업이 중요해 기계로 대량생산을 할 수 없기 때문에 분점을 낼 수가 없다. 그렇기에 오직 한 집만 있고 다른 분점이 없는 '완촨하오'만이 눈으로 보기에는 간단하고 단순한 맛에 포장도 간소한 전통의 간식 과자로 대만 초창기의 식생활을 기록에 남길 수 있었다.

since 1871
완촨하오 萬川號
🏠 台南市民權路一段205號
☎ 06-2223234
🕗 08:00~22:00(매월 넷째 주 월요일 휴무)

合成帆布行

'허청판부항 合成帆布行'에 스케치를 하러 갔을 때, 쉬 사장에게 책으로 출판할 예정이라는 이야기는 하지 않았기에 위층에 올라가 스케치하는 것을 그가 의외로 기꺼이 허락할 줄은 생각지도 못했다. 푸청의 인간미를 보는 것 같았다. 계단을 따라 2층으로 올라갔더니 공간을 채우는 재봉틀들과 다양한 색상의 캔버스 천들의 물결이 눈앞에 펼쳐졌다. 작업대에 있는 캔버스 천을 하나하나 작업대에 겹쳐지도록 올려 평평하고 고르게 펼쳐 정리하고 수동 기계로 천을 자르고 있었다. 이 천을 넘겨받아 능숙하게 재봉틀을 밟으며 캔버스 가방을 만드는 작업에 집중하는, 10년 이상의 경력을 쌓은 이 사부들이 바로 뒤에서 받쳐 주는 일등 공신들이다.

허청판부항
장인 정신이
엿보이는
캔버스 가방

재봉하기

한 땀 한 땀
세월과 함께 바느질을 한다.
10여 년이 지나 젊음은
재봉틀의 속도에 따라
'다다다다~' 사라졌다.
남은 것은 오직
캔버스 가방에
가지런히 박힌
바늘땀뿐.

수작업 장인들

3대

아쭈는 30년의 세월을
세 사람에게 바쳤다.
제1대 옛날 사장
제2대 현재 사장
제3대 작은 사장
이 후의 삶은
자신을 위해 남겨 두어야
한다고 말했다.
(아쭈는 이곳에서 10대 후반에
일을 시작, 60세가 다 될 때까지
일을 해 왔다. '허청판부항'을
닮아 수수한 그녀는 마치
손에 들고 있는 캔버스 가방처럼
질박하고 겸손하다.)

    1969년에 개업한 '허청판부항'에는 목재로 짠 오래된 수납장에 신상 캔버스 가방을 종류별로 전시하고 있고, 매장 안에는 그 밖에도 다양한 각종 전통 캔버스 책가방이 걸려 있다. 가게에 들어서면 예전에 캔버스 책가방을 메고 학교에 다니던 학창시절이 생각난다. 대만 라이프에 속하는 또 하나의 추억 말이다. '허청판부항'의 개업 초기에는 주로 책가방을 위주로 작업을 했는데, 그 당시 타이난의 수십 개 학교들의 책가방을 만들어서 '책가방대왕'이라는 별명으로 불리기도 했다. 가게에서는 소량 주문도 받아 준다.

    '허청판부항'의 전신은 1920년에 개업한 '라이푸판부항來福帆布行'이었다. 당시의 제1대 사장이 직원 세 명을 고용했는데 사장이 작고한 후, 그 세 명의 직원이 가게를 물려받았다고 제2대 쉬성카이 사장이 설명해 주었다.

    당시 사업이 번창하자, 1956년에 세 사람은 '함께하면 성공할 것'이라는 생각으로 영업 규모를 확대했다. 1979년에는 각자 따로 가게를

민찬루 노포 산책   69

차리기로 합의하고, 세 사람 모두 '라이푸來福'라는 이름은 사용하지 않기로 결정을 내렸다.

한동안 고전을 면치 못하던 '허청판부항'은 오래된 전통에 새로운 디자인을 더해 전통 공예가 새롭게 자리매김을 해야 오래도록 운영을 할 수 있다는 사실을 인지했다. 2009년 '허청판부항'의 공식 웹사이트가 열리고 한동안 캔버스 가방 사재기 열풍이 불어, 대만의 공공기관과 민간업체들에서도 많은 주문이 들어왔다. 근년에 타이난 관광에 관심이 높아지면서 '허청판부항' 브랜드도 앞다투어 팔려 나갔다. 가방의 생산지인 푸청의 분위기를 가방 하나하나에서 느낄 수 있고, '허청판부항'의 캔버스 가방에 바느질된 라벨을 보면 타이난 특유의 분위기가 더욱 인상적이다.

대만, 홍콩, 일본, 중국의 관광객들이 꼭 가봐야 할 곳이 된 '허청판부항'에는 휴일이면 특별히 전세 차량을 타고 가방을 사러 오는 단체 여행객들이 오래된 가게의 새로운 소비자로 떠오르고 있다.

천 정리하기
40층 9겹

캔버스 마름질

손으로 마름질을 하면 천이 가지런하지 않지만
그렇게 해야 수작업에서 느껴지는 손맛이 있다.

since 1956

허청판부항 合成帆布行
- 台南市中山路45號
- 06-2224477
- 평일 09:00~21:00 / 휴일 09:00~20:00

再發號肉粽

짜이파하오러우쭝
감칠맛 나는
러우쭝의 향기

'짜이파하오再發號'에서는 사장의 부인이 가게 뒤쪽에서 능숙한 손놀림으로 나뭇잎에 쭝쯔粽子(찹쌀밥)를 싸고 있었다. "가게에서 파는 러우쭝 메뉴는 세 가지인데, 특제 바바오쭝八寶粽은 사이즈가 크기 때문에 손이 작은 여성이 한 손으로 잡고 만들기에 힘들어 제5대 우관팅 사장이 만들고 있다."고 사장 부인이 설명해 주었다. 옛날의 맛은 추억을 먹는 것이다. 진하고 걸쭉한 소스 대신 '짜이파하오'의 특제 육즙을 뿌려서 먹는 러우쭝은 산뜻하게 입맛을 돋우어, 느끼하지 않게 먹을 수 있다. 무엇보다도 특기할 만한 점은 가게에서 내주는 특제 대나무 포크의 존재가 손님들로 하여금 마치 아주 오래된 옛날에 러우쭝을 먹는 듯한 시대감을 느끼게 해 준다. 그런데 많은 사람들이 대나무 포크를 기념품 삼아 식사 후에 그냥 가져가 버려서, '짜이파하오'에서는 할 수 없이 포크를 대량 주문해 두고 원하는 손님들은 한 개에 20위안씩에 사서 가져갈 수 있게 했다.

러우쭝

50위안
지방이 적은 살코기 부위로 쭝을 만들기 때문에, 기름기가 부족하다 싶으면 러우짜오로 대신하면 된다.

러우겅

육질이 연해서 질기지 않고 고기 잡내가 없으며 한 그릇에 40위안인데 고깃덩어리가 다섯 조각이나 들어 있어 양이 푸짐하다.

꼴뚜기가 싱싱하고 달콤하다. 뜨거운 물에 데쳐낸 탱글탱글한 꼴뚜기에 생강채와 부추를 넣고 약간의 소금으로 간을 맞춘 다음, 간장을 조금 뿌려서 먹어보면 싱싱한 맛이 입 안에 가득 찬다.

꼴뚜기탕
40위안

먹거리 맛보기

1872년에 개업한 '짜이파하오'는 중국 푸젠성 취안저우 식으로 러우쭝을 만든다. 제1대 우자짜이 사장은 음식을 메고 길을 따라 큰 소리로 외치며 팔러 다녔고, 제2대 우찬 사장은 상디먀오 옆에 가게를 열어 러우쭝 외에 밥과 반찬도 팔기 시작했다. 제3대 우진파 사장이 이곳으로 옮기고, 가게 이름을 제1대 사장의 이름에서 '짜이再'자를, 자신의 이름에서 '파發'자를 가져와 '짜이파하오再發號'로 지었으며, 독특하고 새로운 맛의 바바오쭝을 개발했다. 보통의 러우쭝보다 훨씬 크게 만들었기 때문에 푸청에서 매우 유명해졌다.

백 년도 넘은 가게를 성실하고 믿음직스럽게 운영하고, 맛있고 양도 많으며 가격도 실속이 있다. 전통적인 러우쭝은 50위안이고, 지방이 적은 살코기 부위로 쭝을 만들기 때문에, 기름기가 부족하다 싶으면 러우짜오로 대신하면 된다. 150위안인 특제 바바오쭝은 겉면은 대나무 잎으로 싸여 있으며, 안에는 데쳐 낸 푸른색 잎 두 장으로 감싼 오징어, 벚꽃새우, 전복, 조개관자, 달걀 노른자, 버섯, 말린 넙치, 밤 등 무려 8종의 재료가 들어 있다. 그 밖에도 미식가들에게 좋은 평가를 받는 음식으로는 꼴뚜기 러우겅이 있는데 맛이 아주 달다. 뜨거운 물에 데쳐 낸 탱글탱글한 꼴뚜기에 생강채와 부추를 넣은 다음 소금으로만 간을 맞추는데, 맛을 보면 꼴뚜기의 신선한 맛이 입안 가득 퍼진다. 어린아이부터 어른에 이르기까지 이곳의 음식을 맛볼 손님들은 대대손손 오래도록 전해지는 러우쭝의 맛을 사랑하게 된다.

---

since 1872
짜이파하오러우쭝 再發號肉粽
🏠 台南市民權路二段71號
☎ 06-2223577
🕘 09:00~20:30 (연중 무휴)

민촨루 노포 산책

리안* 감독과 마찬가지로

이곳에서부터

오래된 영화산업 또한 제로에서 시작되었다

입안 가득 퍼지는 옛 맛 둥과의 향기

기억 속에서 들리는 나막신의 따각 따각 따각 소리

붉은색 시장** 아래 할아버지와 할머니의 얼굴도

붉게 달아오른다

오래된 극장에서의 영화 한 편

아직 재미가 있을까

급하게 생각하지 마세요

뚝딱 먹어치우지 말고 밥 한 끼는 남겨 두기를

옛날을 음미할 때는 시간이 좀 필요하니까요

* 리안(李安): 대만 출신의 영화감독.
** 시장(喜幛): 진홍색의 비단 천에 금종이로 축하의 글귀를 오려 붙인 것.
혼수용품 중의 하나로 전통적인 결혼 피로연에는 벽에 시장을 건다.

신메이제 노포 산책

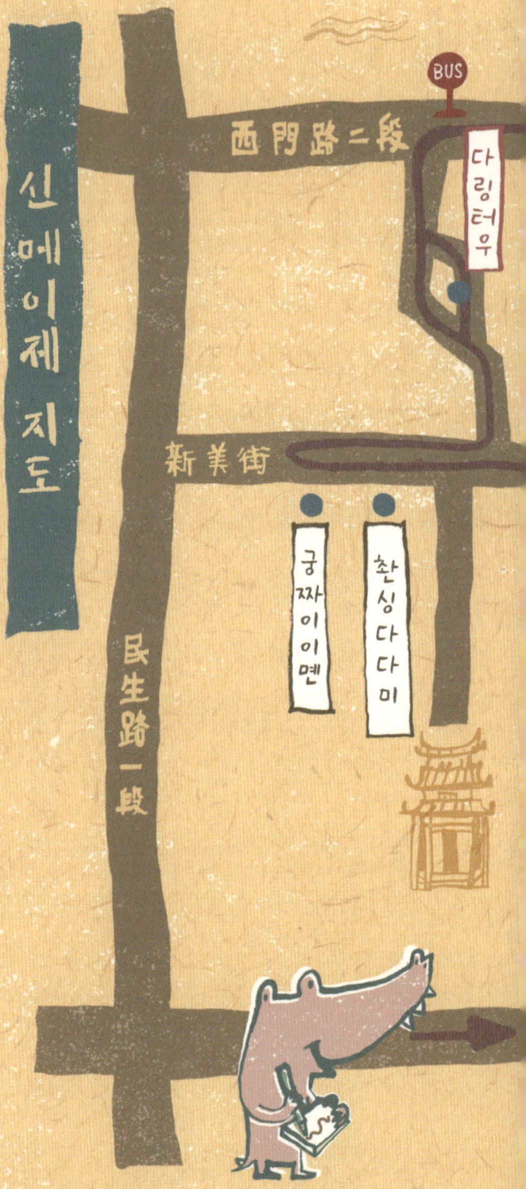

- **산책 시간** 약 2~3시간
- **화장실** 길을 따라 가면 먀오위廟宇(사당)마다 모두 화장실이 있다.
- **버스** 3번, 5번, 88번, 99번 츠칸러우역赤崁樓站
  5번, 7번, 14번, 18번, 99번 시먼西門, 민찬루커우역民權路口站
- **도보** 기차역에서 취안메이시위안全美戲院(전미희원, 전미극장)까지 약 20분
- **차량** 민촨루에 주차 공간 비교적 많다.

신메이제지도

西門路二段
BUS
다링터우
新美街
궁짜이이멘
촨싱다다미
民生路一段

全美戲院

"취안메이시위안全美戲院은 내가 영화에 발을 들여놓게 된 계기가 된 곳"이라고 리안 감독이 말했었다. 유명한 감독의 말 한마디 덕분에 타이난 사람들에게 소중한 추억이 깃든 이 오래된 영화관이 다시금 우리의 기억 속에 떠오르게 되었다.

취안메이시위안
리안 감독이 영화에
발을 들여놓은
계기가 된 곳

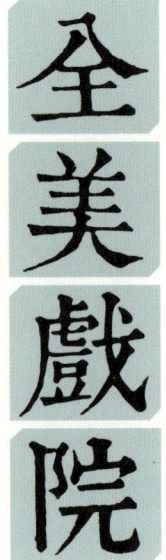

'취안메이시위안'을 생각할 때면 언제나 영화 〈시네마천국Cinema Paradiso〉(1988)이 떠오른다. 주머니에 돈이 별로 없던 학창시절에는 항상 친구들이랑 극장에서 만나기로 약속하고 가서 영화를 보곤 했다. 초기에는 '취안메이 극장'의 의자가 나무로 되어 있었고, 재개봉관이었기에 그 나무 의자에 앉아 4시간 동안 영화 두 편을 감상하다 보면 엉덩이가 아팠다. 하지만 영화 두 편을 착한 가격으로 볼 수 있었으므로 불평을 늘어놓다가도 다시 신나게 영화를 보러 갔다. 가끔 히트작을 상영할 때면 빈 좌석이 없어 통로에 앉아서 영화를 보면서도 나는 전혀 불만이 없었다. 지금도 그때를 생각해 보면 정말 그리워진다. 나중에 럭셔리한 영화관과 멀티플렉스 극장들이 계속 생겨나면서 오래된 극장은 영업이 잘 되지 않았고 찾아오는 사람도 별로 없는 상태로 변해 갔다. 제2대 우쿼청 대표는 쇠락해 가는 이 오래된 극장을 위해 혼신의 노력을 기울였다.

1999년 말에 '취안메이'의 내부를 완전히 리노베이션하고 새롭게 다시 시작했다. 20여 년 동안 수많은 영화 애호가들을 힘들게 했던 의자를 바꾸고 새로운 장비 및 설비를 추가해서 '취안메이'를 영화제, 영화촬영지, 문학예술 작품을 전시하거나 공연하는 핫 스팟으로 탈바꿈시켰다. 또한 결혼을 하려는 사람들이 상대에게 프러포즈를 하는 장소이기도 했다.

'취안메이시위안'의 주변은 번잡한 시장이었다. 건물 세 채가 이어진 형태인 극장 건물의 소유자는 예페이슴이었는데 제2차 세계대전 시기에 공습으로 인해 건물이 파손됐다.

1950년 어우윈밍 형제가 영화관을 재건하여 '디이취안청시위안第一全成戲院(제일전성극장)'이라는 이름을 붙였다. 건물의 외관은 바로크양식이고 가운데 건물 맨 위에는 영어로 된 영화관 이름인 'THE FIRST CHUAN-CHEN THEATHRE'를 표기했다. 건물 외벽은 기하학적 도형과 해마 무늬로 장식하고 있으며, 그 당시 건축의 정교하고 세련된 면을 볼 수 있다.

'시위안戲院'이라는 용어는 연극과 영화관의 줄임말이다. 상영관에 들어가면 바로 스크린 앞에 큰 무대가 보이고, 그 옆에는 탈의실 용도로 사용할 수 있는 작은 공간도 있다. 영화 상영뿐만 아니라, 거짜이시歌仔戲(대만 전통극의 일종), 부다이시布袋戲(인형극의 일종) 등의 극단 공연도 가능했다. 당시에는 연극과 영화의 두 장르를 함께 접할 수 있었던 이와 같은 무대공간 설계방식으로 관람객들의 취향을 동시에 만족시킬 수 있었다. 1969년에 디이취안청第一全成이 소유자의 매제에게 팔렸는데, 그 매제가 바로 제1대 우이위안 사장이며, 극장 이름도 '디이취안청시위안第一全成戲院'에서 '취안메이시위안全美戲院'으로 바뀌었다. 처음에는 개봉 영화만 상영했으나, 당시 개봉관들의 경쟁이 치열해지면서 1971년부터는 운영방식을 바꾸어 대만 최초의 재개봉관이 된다. 관람료가 반값이 되었을 뿐만 아니라 영화 두 편 동시상영 할인 혜택도 있었다.

1960~70년대에 대만에서 쇼공연이 한창 인기였을 때는 공연 무대를 제공하고, 대중에게 다양한 오락거리를 즐길 수 있게 해 주었다. 쇼문화가 사라진 후에는 다시 두 편의 영화를 동시상영하는 운영방식으로 복귀했다.

극장을 방문했던 어느 날 영사기사가 나를 옥상으로 안내해 주어, 외벽을 장식한 해마 무늬를 가까이에서 볼 수 있었다. 해마들은 모두 손으로 정교하게 조각하고 채색한 것들이었다. 그러고는 영사기사를 따라 영사실에 들어갔는데 가장 먼저 눈에 들어온 건 오래된 영사기 두 대였다. 하나는 필름 영사기, 다른 하나는 디지털 영사기. 영사기사가 바닥에 있던 작은 알루미늄 케이스 몇 개를 가리키며 "자, 이것들이 내가 마지막으로 필름 영사기로 상영했던 영화 예고편이었소."라며, 지금은 전부 디지털 방식으로 바뀌었다고 쓴웃음을 지으며 말했다. 날짜를 보니 모두 2011년이었다. 나는 영사실에서 이 필름 영사기를 그렸다. 귓가에서 속삭이는 듯한 영화의 대사를 들으며 마치 영화〈시네마 천국〉에서 종종 영사실에 몰래 들어가 영사기를 조작하는 영사기사 알프레도를 지켜보는 어린 소년 토토를 보는 것 같았다. 사람들로 하여금 그리움을 자아내는, 필름 영사기가 돌아가던 시절이었다.

60년의 세월을 버텨 온 이곳은 대만 영화의 발전 과정을 지켜보았다. 우퀀청 대표는 극장을 재정비할 예정인데 더 많은 공연 예술 단체가 이곳에서 공연하기를 바라며, 이 오래된 영화관이 인문정신을 확대발전시켜 이어 나가기를 희망한다고 말했다. 오늘날까지 대만에서 영화의 간판을 여전히 손그림으로 그리는 곳은 '취안메이'가 유일하다. 영화간판사인 옌전파 사부가 붓으로 스으윽 훌륭하게 그리는 솜씨를 보고 있으면 절로 1950년대의 영화관 풍경이 떠오른다. 푸청을 방문할 때 오래된 도시의 삶을 느껴 보고 싶다면 이곳에서 재개봉 영화 한 편을 감상해 보는 건 어떨까?

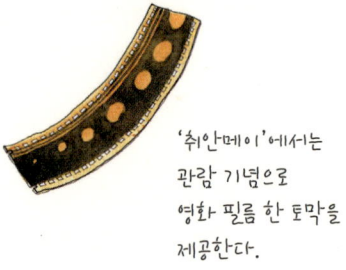

'취안메이'에서는 관람 기념으로 영화 필름 한 토막을 제공한다.

문화 즐기기

전통적인 필름 영사기.
이제는 거의 사용하지 않아요!
대부분 아주 짧은
몇 분짜리 단편영화에만 쓰인다.
지금의 영화들은 모두 디지털 방식으로 상영된다.
머지않아
이 기계도 역사 속으로 사라져
추억으로만 남을 것이다.
('취안메이시위안' B관)

알루미늄으로 만든
예고편 필름 박스

극장 내부의 무대와 스크린

since 1969
취안메이시위안 全美戲院
🏠 台南市中西區永福路二段187號
☎ 06-2224726
　동시상영, 성인 130위안,
　VIP 우대 티켓 100위안, 아동 70위안.

신메이제 노포 산책 **81**

手繪電影看板師

페인트 몇 통, 유화 물감 몇 개, 브러시와 화필 등 간단한 도구 몇 가지만 있으면 생동감 넘치는 영화 간판 하나가 탄생한다. 옌전파에게 자신이 간판에 그렸던 영화들을 본 적이 있는지 물어보았다. 그는 고개를 젓더니 하던 일을 계속했다. 화려한 영화산업이 알고 보면 우리가 상상하는 것과 다른 것처럼, 그는 사람들이 동경하는 영화의 장면 장면을 그리면서 인생의 가장 찬란한 시기를 영화관에 몸담았으면서도 그 다채로운 영화의 세계에는 발을 내디딘 적이 없었던 것이다.

옌전파 사부
손으로 영화간판을
그리는 예술가

옌전파 사부는 '취안메이시위안'의 전속 영화간판사이다. 어렸을 때부터 그림에 관심이 많았던 그는 친척의 소개를 통해 샤잉下營구에서 타이난시까지 와서 간판을 그리는 기술을 익혔다. 18세부터 간판 그리는 기술을 배웠는데 타이난에 있는 영화관이라면 아마 그의 작품을 걸지 않았던 곳이 없을 것이다. 영화산업이 호황을 누리던 시기에는 한 달에 적어도 200~300개의 간판을 그려야 했는데, 40년 동안이나 이렇게 간판을 그리게 될 줄은 상상도 못했다고 한다. 예전에는 간판을 그리는 일이 꽤 수입이 좋은 직업이었는데 멀티플렉스 극장이 생기면서 손으로 간판을 그리는 일은 이제 사람들의 관심에서 멀어지는 직업이 됐다. 현재 대만 전체를 통틀어 영화간판을 손으로 그리는 전문가는 오직 옌전파밖에 없다.

옌전파가 간판을 그리는 장소는 극장 옆이거나 어떤 때는 거리와 면한 통로가 되기도 한다. 보통은 평일에 작업을 하는데 일정한 시간을 정해 두고 그리는 것이 아니므로 운이 좋아야 그가 간판을 그리는 모습을 볼 수 있다. 영화간판 하나는 보통 4~6장의 나무판으로 나눠 그리며, 한 나무판의 크기는 약 $3m^2$이다. 나는 운 좋게도 그가 그림을 그리는 모습을 몇 번 볼 수 있었다. 하지만 솔직히 말하면 간판이 다 완성되기 전까지는 그가 어느 영화를 그리고 있는지 알아보기가 쉽지 않다.

간판 그리는 것만 완성하면 일이 끝나는 줄 알았는데, 옌 사부는 군용 장갑을 끼고 굵은 줄로 간판을 고정시키더니 극장으로 들어가 철제 받침대에 올라가 간판을 천천히 1층부터 2, 3층까지 끌어올렸다. 이런 과정을 십여 차례 반복하면서 영화 장면을 나눠 그린 나무판들을 모두 제자리에 배치한 후에야 비로소 간판 작업이 끝나는 것이다.

얼마 전에는 국제적인 언론사인 AP통신이 '취안메이시위안'을 취재하면서 손으로 그리는 영화간판을 특별히 소개했다. '취안메이시위안'이 타이난시 문화국과 함께 '전문가교실 – 손으로 영화간판 그리기' 과정을 기획하기도 했다. 강좌를 개설하고 옌전파를 초청해서 '취안메이시위안' 맞은편 건물에서 수업을 한다. 학생들은 페인팅의 기초부터 배우는데, 여름의 더위와 코를 찌르는 페인트의 냄새를 견디고 한 걸음 한 걸음 자리를 옮기며 그리는 영화간판사의 작업 과정을 통해 우리들을 숙연하게 만드는 달인의 정신을 체험하게 된다.

우선 분필로 스케치를 한다.

since 1970
영화간판사 手繪電影看板師
옌전파 사부 ☎ 0960-369809

祀典武廟
붉은색 지붕의 사당 _쓰뎬우먀오·다관디먀오

쓰뎬우먀오祀典武廟는 국가 지정 고적(문화재보존법에 기초하여 역사적, 문화적 가치를 지닌 국가 지정 기념물)이며, 신메이제에 있는 '샤오관디먀오小關帝廟'와 구분하기 위해 '다관디먀오大關帝廟' 또는 '우먀오武廟'라고 부르기도 하는데, 정 씨왕국 시기에 지어졌다. 원래 관공의 제사는 금나라의 침입에 대항한 유명한 장군 웨페이岳飛와 같은 사당에서 올렸는데, 청나라가 반만사상反滿思想을 없애고 민심을 얻으려고 관공關公의 지위를 계속 격상시켰다. 심지어는 관디關帝(관우에 대한 존칭)의 조상 3대를 공작公爵으로 추서했고, 대형 관디먀오들을 관사官祀(정부에서 관리하는 사당)로 바꿨다. 쓰뎬우먀오도 이런 영향으로 정부의 지시에 따라 봄과 가을 제사를 열었고, 관디먀오는 대만에서 유일한 공식적인 쓰뎬祀典에 속하게 되었다. '쓰뎬'의 명예를 받은 우먀오는 민간 신앙에서 매우 높은 지위를 누리게 된다.

쓰뎬우먀오는 닝징왕푸寧靖王府의 일부분이라고 전해진다. 닝징왕푸는 명나라 황실의 영정왕 주술계朱術桂(1617~1683)가 살던 관저로 1684년 항해자의 수호 여신인 마조신媽祖神을 모시는 도교 사당이 되었다. 기록을 보면 쓰뎬우먀오를 처음 고쳐 지은 때는 청나라의 2대 황제인 강희제 29년, 1690년이었고, 그 후로도 여러 차례 정비를 했다고 한다. 지금 우리가 보게 되는 건물은 1840년에 재건한 모습이다.

사람들이 우먀오에서 가장 깊은 인상을 받게 되는 건 붉은색의 박공지붕이다. 우먀오를 방문하면 반드시 싼촨뎬三川殿에 있는 타이난 4대 현판 중 하나인 '다장푸大丈夫'를 봐야 한다. 그 뜻은 『맹자』의 다음 문장에 나와 있다.

富貴不能淫, 貧賤不能移, 威武不能屈, 此之謂大丈夫也

부귀도 그 마음을 유혹하지 못하고 빈천도 그의 지조를 바꾸지 못하고, 위엄과 무력도 그의 뜻을 꺾지 못하는 것을 일러 대장부라 한다.

『맹자』「등문공 장구 하(藤文公 章句 下)」

'다장푸'라는 말로 관공의 기품과 위엄이 있는 모습을 표현한 것이다. 그 외에 정전에 걸려 있는 현판도 아주 귀한 보물로, 청나라 9대 황제인 함풍제가 하사한 것이다.

ⓘ Info
주소: 台南市中西區永福路二段
　　　229 號
전화번호: 06-2202390
관람시간: 05:00~21:00

吳萬春香舖

우먀오 앞에는 타이난에서 가장 오래된 향 가게로 2대를 이어온 '우완춘샹푸吳萬春香舖'가 있다. 1902년에 개업한 이후 원자재 가격 상승과 값싼 제품과의 경쟁을 거치며 지금까지 천연원료를 사용해서 예전의 방식대로 수제 향을 만든다는 원칙을 고수하며 백 년 가게의 명예를 지켜 왔다.

우완춘샹푸
백 년 전 방식으로
만드는 수제 향

천롄 할머니는 타이베이 출신으로 스무 살에 타이난 푸청에 사는 사람과 결혼, 사장 부인이 된 지 벌써 70년이 되었다. 가게 안의 오래된 목재 계산대와 수납장에서는 차분하고 소박한 세월의 향기가 전해지고, 계산대에는 하나하나 포장한 붉은 향들이 놓여 있다. 각각의 향에는 옥매향, 부귀향, 행복향 등 좋은 의미가 넘치는 이름을 붙여 한 봉지씩 손수 포장한 할머니의 마음이 담겨 있다. 할머니와 이런저런 이야기를 나누다 보면, 가게를 운영하는 그녀의 성실한 태도에 늘 탄복하게 된다. 할머니는 사람이 되려면 성실해야 하고, 돈도 마음 편안하게 벌어야 한다고 말했다. "질이 좋은 향은 자극적이지 않으며, 향에 불을 붙여 한 대만 태워도 안정감을 느끼고 머리가 맑아진다."는 이야기도 들려주었다. 할머니의 지혜로운 말씀은 마치 좋은 향과 같아서 언제나 사람들에게 지혜를 불어넣어 깨달음을 얻게 한다.

두 명의 사부가 가게에서 일한 지 50년이 넘었고, 그중 한 명인 우보난 사부는 이미 70세이다. 우 사부는 군 제대 후부터 이곳에서 일했으며, 매일 구이런구에서 오토바이로 수십 년을 한결같이 출퇴근하고 있다. 그는 "사람이 함께 지내게 되는 건 인연이다. 사장님 부부가 선량해서 사람을 대할 때 호쾌하고 시원스러워 이런 인연을 소중히 여겨 이 가게에서 계속 일하게 됐다."고 말했다. 가게 안에 있는 향은 모두 천롄 할머니와 우 사부가 정성스럽게 포장한 것이다. 향 포장 봉투 중에는 40년도 전에 디자인한 오래된 도안을 그대로 사용하는 것도 있다. 도안의 복고적이면서도 전통적인 분위기와 마찬가지로 이 오래된 가게도 수십 년 동안 전통적인 기술로 향을 제작해 왔다.

평일 오전에는 사부가 향을 제작하는 시간이라 구경하고 싶은 사람은 사장 부인에게 이야기를 하면, 바로 가게 뒤쪽으로 가서 향을 제작하는 과정을 볼 수 있다. 나는 사부를 지켜보며 그림을 그렸다. 사부는 능숙한 손놀림으로 향을 흔들어 신중한 자세로 물에 적신 향 가지에 향 가루를 뿌린다. 담황색 연무처럼 향 가루가 실내에 퍼지면서 향기가 난다. 이렇게 수작업으로 향을 만드는 것에서 전통적인 인간미가 느껴진다. 그다음에는 향을 햇빛에 말리러 가는 우 사부의 발걸음을 따라 옥상에 올라갔다. 그는 신속하게 어제 늘어놓은 향을 묶어 아래층에 부려 놓고, 새로 완성한 향을 나무 선반에 펼쳐 놓았다. 얼마 지나지 않아 회색의 옥상 공간은 다시 신을 향한 경건한 황금빛으로 물들 것이다.

다섯 자리 숫자로 된 전화번호가 인쇄된 예전의 종이 포장

향 만들기

풍속 배우기

향을 햇볕에 말리기

since 1902

우완춘샹푸 吳萬春香舖
- 台南市中西區永福路二段217號
- 06-2216657
- 07:30~19:00 (연중 무휴)

할머니는 백 년 된 목재 계산대를 애지중지하여, 손님들이 그 위를 두드리는 걸 좋아하지 않으니 조심스럽게 다뤄 주시기를. 그러지 않으면 할머니가 언짢아하실 거예요!

신메이제 노포 산책 89

魏俊邦雕刻研究社

우리가 만났던 그날 오후, 웨이쥔방魏俊邦은 틈틈이 우먀오의 먀오위廟宇(사당)문화를 설명해 주고 전통 공예에 대한 이야기도 내게 들려 주었다. '궈바오다스國寶大師', '푸청궈바오府城國寶'로 불리는 그는 찹쌀과 코튼지紙로 작품을 만들고 모양을 빚는 일에 전문적인 기술을 지닌, 대만에서는 즈쑤공예紙塑工藝(지점토, 종이찰흙 공예. 닥나무 따위의 섬유를 풀로 이겨 굳힌 다음 원하는 대로 형틀에 넣어 말려서 만드는 공예)의 대가다.

웨이쥔방댜오커옌주서
국보급 조각품
공예의 대가

웨이쥔방의 아버지 웨이더장은 원래 의사였으나, 백색테러 시기에 중국 공산당의 간첩으로 몰려 연금을 당했고, 할머니가 집을 팔고 돈을 모아 아버지를 구해 냈다. 다시 간첩이라는 누명을 쓰게 될까 봐 두려웠던 아버지는 이웃의 노사부에게서 먀오위를 수선하는 기술을 배우고 장인으로 일하게 되었다. 그는 초등학교 5학년부터 견습생이 되었다. 아버지는 그에게 다른 사람보다 엄격하게 대했지만, 그 당시의 고된 견습생 생활 덕분에 훌륭한 기술을 배웠다. 즈쑤, 조각, 페인팅, 석조, 대목장 등의 웬만한 기예는 다 할 줄 안다. 다룰 줄 아는 소재도 상당히 풍부해서, 다양한 재료마다 적절하게 어울리는 조각이 어떤 것인지도 잘 알고 있다.

예전에는 '1. 종이, 2. 흙, 3. 나무, 4. 도자기'라는 말이 있었다. 작업의 재료가 다른 불상의 가격을 높은 순서부터 표현하는 말이다. 종이찰흙으로 만든 불상은 벌레들이 쉽게 서식하거나 썩지도 않으며, 훼손되어도 수선을 할 수 있는 반면, 일반 나무로 만든 불상은 불가능하다. 또한 종이찰흙으로 된 불상의 머리와 몸통 부분은 따로 제작되기 때문에 몸통 안에 보물을 소장할 수 있는 공간이 있다. 종이찰흙으로 만든 불상은 6백 년 정도 보존할 수 있는데, 종이 불상 1존尊을 만드는 데 걸리는 시간이면 대략 3~6존의 나무 불상을 조각할 수 있다. 이처럼 종이 불상은 제작하는 시간이 길고 과정도 복잡하고 까다로워 가격이 비싸 주문량이 그리 많지 않다. 당나라 때부터 전승되어 온 천 년의 기예가 이제는 거의 사라져 가고 있다.

그는 "지금은 전통 공예가 대접을 받지 못하고 점점 쇠퇴하고 있어, 애써 배우려는 젊은이가 갈수록 줄어든다. 뛰어난 기술을 가진 노사부들도 물려줄 제자를 찾지 못했다. 더구나 대다수의 장인들은 실업 상태이고, 이제는 아들 웨이제밍과 제자들이 이 전통 기술을 이어가서 소중한 공예가 사라지지 않기를 바랄 뿐"이라며 안타까워했다.

웨이쥔방은 2014년에 병환으로 세상을 떠났지만, 웨이쥔방의 후대가 이 천년의 기예를 끝까지 전승할 수 있기를 기원한다.

즈쑤공예로 만든 불상은 머리를 분리할 수 있다. 옛날에는 불상의 몸체를 금고로 사용했었다.

백 년 가게

웨이쥔방댜오커옌주서 魏俊邦雕刻研究社
🏠 台南市永福路二段223號
☎ 06-2213929
🕘 09:00~18:30(일요일 휴무)

武廟肉圓

우먀오러우위안
늦게 가면
먹을 수 없는
추억의 맛

가게 이름도 없고 이동가판대와 몇 개의 탁자만 있는데, 우먀오武廟 앞에 있으므로 모두들 '우먀오러우위안武廟肉圓'이라고 부른다. 이곳은 매일 즉석에서 밥을 짓고 요리를 만든다. 지방이 적은 고기로 만들어 식감이 쫄깃하고, 독자적인 비법 소스로 양념을 하여, 한입 베어 물면 그 향기가 사방에 퍼져 나간다. 손으로 빚어 만드는 러우위안의 표면에는 불규칙한 손금 자국이 있다. 이것이 바로 손으로 만들었다는 증거이자, 이 가게만의 특징이기도 하다. 러우위안에는 뼈를 우려낸 국물이 함께 나오는데 러우위안과 함께 먹으면 속이 든든하다.

1975년에 제1대 장다췐 사장이 러우위안 노점을 열었는데, 그가 개발한 사각형 찜기는 주위에서 흔히 볼 수 있는 원형 찜기와는 아주 다르다. 맛의 비결은 사각형 찜통을 사용해서 열을 골고루 전달하여 더 빠르게 익힐 수 있다는 점이다. 제2대 장팅자 사장이 노점을 물려받은 지 10년. 언제나 러우위안을 척척 다루면서 쉴 새 없이 손님을 맞이하는 모습을 볼 수 있다. 장 사장은 "러우위안을 파는 건 정말 힘들고, 셀 수 없이 손에 화상을 입어 흉터가 남은 데다가 무더운 날 뜨거운 찜통 옆에 서 있

고, 길을 다니던 사이에 잠시 휴식을 취하던 곳들 중의 하나가 우먀오였다. 나중에는 우먀오 앞에 잠시 자리를 잡았다가 먀오청廟埕(사당, 사묘 앞에 있는 광장) 앞으로 옮겨 30년 넘게 장사를 했다. 예전에는 매일 러우위안과 조리 도구를 반드시 이동가판대에 가득 채워야 했고, 집에서 우먀오까지는 오르막길이어서 이동가판대를 힘들게 밀며 언덕을 올라야 했다. 지금은 점포를 임차해서 한결 수월해졌다. "제1대 때부터 장사가 잘된 데다가 TV 뉴스에도 나와서 관광객들의 발길이 끊이지 않는데 일손이 부족하고 체력에도 한계가 있어서 매일 일정한 분량만 팔 수 있다."고 장 사장은 말한다. 제2대로 대물림한 추억의 맛 러우위안은 푸청의 진미이다.

는 일은 정말 고역"이라며 손의 화상 자국을 내게 보여 주었다. 하지만 큰돈을 벌 수는 없지만 착실하게 장사를 해서 생계를 꾸려 나갈 정도는 된다는 말을 덧붙였다. 지금은 제1대 사장 부부와 딸 부부가 조리를 담당하고 장 사장은 가게에 나와 손님들을 맞이하고 있다. 아침 7시에 일어나면 바로 소스를 끓이기 시작하고, 낮에는 가게에 가서 러우위안을 판다. 저녁에 집에 돌아가 다음 날 재료를 준비하다 보면 밤 12시가 넘어서야 잠자리에 든다. 이 장사는 의외로 손님들이 날씨를 보고 식사를 하러 오는 업종이라 날씨가 좋지 않을 때는 재료의 양을 줄여서 준비해야 하고, 다음 날 가게 문을 열지 못할 때도 있다.

장 사장과 그의 가족은 궈화제國華街에서 살고 있다. 제1대 사장은 처음에 이동가판대를 밀고 여기저기 거리를 옮겨 다니며 장사를 했

since 1975

우먀오러우위안 武廟肉圓
- 台南市永福路二段225號 · 武廟廟埕前
- 06-2229142
- 평일 13:30~ 재료 소진 시까지(화요일 휴무)
  휴일 12:30~ 재료 소진 시까지

1. 매일 한정된 수량만 손으로 직접 만들어 오후부터 판매를 시작하며 다 팔릴 때까지만 운영한다.
2. '세 사람이 한 개만 시켜서 같이 먹으면 안 된다.', 그리고 '테이크아웃 손님은 매장에서 먹으면 안 된다.'는 규정이 있다.

武廟炭烤三明治

우먀오탄카오싼밍즈
타이난 사람들의
전통적인 아침 식사

우먀오 숯불구이 토스트를 처음 먹으러 갔을 때는 요즘처럼 사람들이 많이 몰려들지 않아서, 옌위란 할머니는 틈틈이 일손을 놓고 나와 이야기를 나눌 시간이 있었다. 매체에 소개된 후 얼마 지나지 않아 숯불구이 토스트 판매대 앞에 줄이 길어지기 시작, 이곳에 사는 사람인 내가 오히려 맛보기 어려운 추억의 맛이 되어 버렸다. 옌 할머니는 27세부터 탄카오싼밍즈를 팔기 시작했는데, 눈 깜짝할 사이에 벌써 50년이 지났다고 한다. 우먀오 앞에서 장사를 하게 된 지도 거의 30년이 다 되어 가는데, 당시에 도로가 확장되면서 10여 년 전에 골목 안으로 옮겨 영업을 하고 있다.

미장은 매일 새로 만든다.

먹거리 맛보기

할머니가 매일 5시에 일어나 손수 끓이는 미장米漿(쌀우유. 미숫가루와 비슷한 맛으로, 대만에서 아침 식사로 즐겨 마시는 음료)의 신선도는 백점 만점에 백점이다. 현장에서 주문받는 즉시 만드는 달걀 토스트는 먼저 버터를 넣고 달걀 프라이 2개를 부치는데, 버터가 녹아든 달걀의 냄새만 맡아도 배가 고파진다! 이어서 할머니는 토스트 빵으로 달걀 프라이를 집어 빵 사이에 끼우고 석쇠를 사용해서 화로에 올려 바삭하게 눋는 냄새가 날 때까지 굽는다. 석쇠의 격자 무늬를 따라 살짝 그을린 흔적이 남은 바삭바삭한 토스트의 겉면을 보면 저절로 군침이 돈다. 알고 보니 숯불에 구우면 토스트 안에 있는 수분을 가둬 놓을 수 있다고 한다. 맛을 음미하면서 먹으면 미세한 숯 향기를 감지할 수 있는데, 토스터에 구워 낸 빵으로는 도저히 따라잡을 수 없는 식감이다. 가장 특별하다고 할 수 있는 건 토스트가 식어도 아주 맛있다는 것. 달걀 토스트를 좋아하지 않는 사람을 위해 배려심 많은 할머니가 손님들이 선택할 수 있도록 버터와 딸기맛 크림도 제공한다.

패셔니스타인 옌 할머니는 상냥하고 친절하게 손님들과 일상적인 이야기들을 나눈다. 몇 번을 방문해도 늘 깔끔하게 단장한 모습을 보여 준다. 가끔은 화장도 좀 하고 머리도 신경 써서 손질하며, 손님들을 보면 따뜻하고 듣기 좋은 말로 인사를 건넨다. 73세의 고령임에도

불구하고, 활기차고 원숙미가 돋보이는 분이다.

추억의 옛날 맛이 나는 푸청의 아침 식사를 맛보고 싶다면 일찌감치 찾아가야 한다. 할머니는 평일 10시 30분에 영업을 끝내고 휴식을 취한다. 휴일은 정오까지 운영하는데 가끔 딸과 며느리가 와서 도와준다. 하지만 너무 늦게 도착했다고 해도 걱정할 건 없다. 할머니의 딸이 우먀오 옆에 있는 별도의 노점에서 아침 메뉴를 팔고 있으니 옛날 스타일의 맛을 선호하는 손님들이 식사를 하지 못할까 봐 걱정하지 않아도 된다.

since 1968
우먀오탄카오싼밍즈 武廟炭烤三明治
🏠 台南市中西區永福路二段227 巷3 號
☎ 06-2216658
🕐 05:30~11:00(월, 화요일 휴무)

신메이제 노포 산책 95

算命巷

텐허우궁天后宮 옆에 역사적인 느낌이 가득한 오래된 골목이 있다. 골목 안에 언덕 두 개가 있어서 구불구불 굽어진 모습이 기울어진 조롱박처럼 생겼다고 해서 청나라 때는 '조롱박 골목'이라는 별명으로 불렸다. 청대에는 약 7~8개의 쩌르관擇日館(운수 좋은 날, 길흉일을 구별하여 고르는 점집)이 있었는데 그 후 다섯 개로 줄었다. 이제는 푸청에서 유명한 점집 거리 쏜밍샹算命巷에는 '웨이디비魏締弼', '치밍탕啟明堂' 그리고 '중정탕中正堂' 세 집만 남았다.

쏜밍샹
길흉을 점치는
점집 골목

'웨이디비' 제6대 전승자인 웨이마오슝은 주로 택일과 사주팔자를 봐 주는 일을 한다. 이제 70세인 그는 원래 의류사업을 하다가 이 일을 이어받은 지 30년쯤 되는데, "점쟁이의 의견을 참고는 할 수 있지만, 최종적인 결론은 본인이 내려야 하는 것"이라고 말했다.

'치밍탕' 제4대 천린훙은 임상병리학을 전공하고 미국에 가서 암연구를 한 적도 있었으나, 집안의 외아들이기 때문에 결국은 대만으로 돌아와 백 년 가업을 이어 가게 되었다. 팔자, 택일, 작명, 풍수 등을 보는데, 모두 대대로 집안에 전해 내려오는 것에 따른다고 한다. 그는 "점을 보는 것은 현대의 심리학이다. 운명을 알게 되더라도 그냥 받아들이지 말고 스스로 자신의 운명을 만들어 나가겠다는 생각이 있어야 한다."라고 말했다. 그는 고객들에게 번호를 부여하고, 전화번호를 등록한 다음 세심함과 인내심을 지니고 대답을 해 주며, 아울러 고객의 개인정보 보호를 위해 5년마다 자료를 파기한다. 해외에 거주한 경험이 있어서인지 고객의 기록을 영문 부호로 바꿔 적고 있어서, 그가 붉은 종이에 중국어와 영어를 함께 메모하는 것이 매우 흥미롭게 보였다.

점집 골목은 백 년 동안 변화가 거의 없어, 예스러움이 가득한 거리에서 옛날의 정취를 넉넉하게 느낄 수 있다. 백 미터가 채 안 되는 짧은 골목길 안에서 길을 잃은 사람에게 방향을 제시해 주는 일 역시 예로부터 사람이 살아가는 방법의 하나이기도 하다.

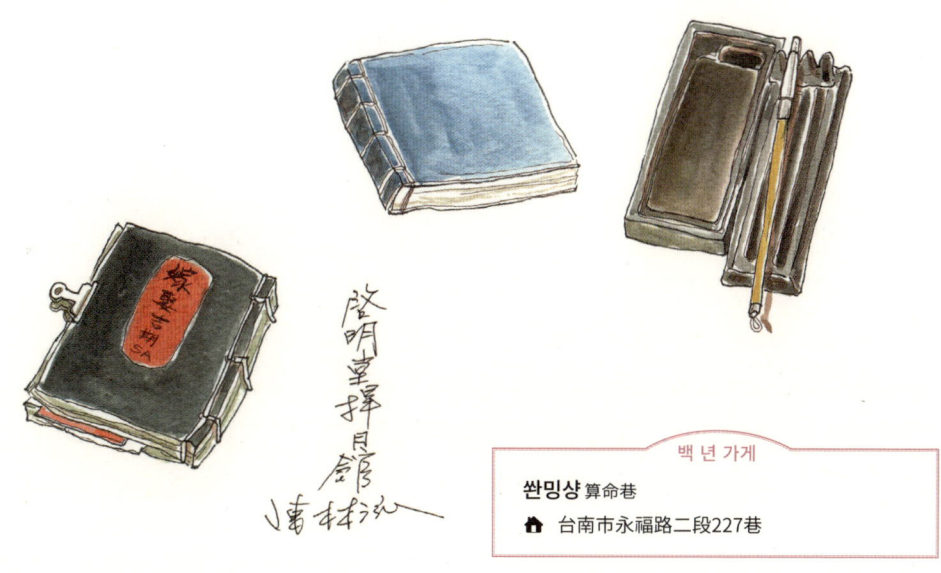

백 년 가게

쏸밍샹 算命巷
🏠 台南市永福路二段227巷

옛 거리 느리게 걷기

大天后宫
마음을 진정시켜 주는 최고의 장소 _다톈허우궁

나는 용이 휘감고 올라가는 모습을 조각한 기둥 옆에 서서 신도들이 정성을 다해 경건하게 향을 올리는 모습을 스케치했다. 어떤 사람은 입속으로 뭔가를 중얼거리며 마쭈媽祖(마조)의 가호를 빌고, 어떤 사람은 즈베이擲杯(초승달 모양의 두 짝이 한 쌍을 이루는 나무패인 즈자오를 던져서 볼록한 면이 위로 올라가는지 아래로 향하게 나오는지에 따라서 신이 기도에 어떻게 응답하는가를 점치는 것)를 하며 신의 뜻을 묻는다. 또 어떤 사람은 평안을 기원한다. 향의 연기가 모락모락 피어오르는 가운데 향을 피운 사람들의 표정은 안정되고 평화로워 보였다.

먀오위는 사람의 마음을 진정시켜 주는 최고의 장소인 것 같다.

다톈허우궁은 또 '다마쭈먀오大媽祖廟'라고도 하는데 대만에서 공식적으로 건립한 최초의 마쭈먀오媽祖廟이며, 공식적인 춘추제전春秋祭典을 올리는 유일한 마쭈먀오이기도 하다. 정씨 왕국 정성공(鄭成功, 1624~1662)*의 아들인 정경(鄭經, 1642~1681)이 푸젠에서 '젠궈監國(옛날 중국에서 왕이 국외로 나갔을 때 수도에 남은 태자를 일컫던 말)'의 신분으로 대만에 온 명나라의 영정왕寧靖王 주술계朱術桂를 영접하기 위해 지은 것이 닝징왕푸寧靖王府이다. 정경이 세상을 떠난 후 아들 정극상(鄭克塽, 1670~1717)이 자리를 승계하는데, 청나라 강희제 22년(1683년)에 수군제독인 시랑(施琅, 1621~1696)이 청군을 거느리고 대만을 공격하고 점령하자 정극상은 결국 청나라에 투항하게 된다.

그래서 시랑이 닝징왕푸를 거처로 삼게 되는데, 청나라 황제의 의심을 피하려고 다음 해에 닝징왕푸를 타이완푸 톈페이궁台灣府天妃宮(대만부천비궁)**으로 개축하고 마쭈를 천상성모天上聖母 톈페이天妃 톈허우天后로 봉했다.

1818년에 다톈허우궁에 화재가 발생하여 먀오위 건물과 각종 소중한 문화재들이 거의 불타거나 훼손되었다. 지금의 모습은 당시의

톈허우궁 우물
매년 단오에 자물쇠를 여는데
지금도 샘물이 나온다.

원래 자리에 재건한 것이다. 관세음전에 모셔진 관음은 영정왕寧靖王이 생전에 제사를 지내던 관음이다. 시랑施琅이 강희제 24년(1685년)에 세운 '핑타이지뤠베이平台紀略碑'는 대만에 남아 있는 가장 오래된 비석이다. 건물 안의 수많은 채색벽화는 타이난의 유명한 화가 천위펑(陳玉峰, 1900~1964)이 그린 것이다. 건물의 안쪽에는 역사가 300년도 넘은 '룽무징龍目井'이 있다. 닝징왕푸의 전용 우물로 사용되었다고 들었는데, 아직도 샘물이 끊이지 않고 나온다.

이처럼 풍부한 건축 양식과 진귀한 역사적 문화재들을 보유한 다톈허우궁은 먀오위 예술의 귀중한 전당이다.

* 1662년 명나라의 정성공은 네덜란드 사람들을 몰아내고 최초로 본토 정권을 대만에 수립하여 대만을 반청복명(反淸復明)의 기지로 세우는 데 성공하고, 그의 아들 정경과 손자 정극상 때까지 대만을 경영하다가 1683년 청나라에 패함으로써 대만은 명나라에 이어 청나라의 영토가 된다.
** 톈페이(天妃): 천상성모(天上聖母), 천후(天后)라고도 한다.

ⓘ Info
주소: 台南市中西區永福路
二段 227巷 18號

since 1664

兩角銀冬瓜茶

대부분의 가게에서 파는, 단맛만 있고 둥과冬瓜의 향이 없는 둥과차와는 달리 '량자오인兩角銀'에서 파는 둥과차는 둥과의 향이 살아 있을 뿐만 아니라, 차디차게 해서 한 잔 마시면 순식간에 더위가 사라진다.

량자오인둥과차
백 년 동안
전해 내려오는
향이 좋은 차

깎을 때를 기다리고 있는
싱싱한 동과

　내가 이 가게에서 팔고 있는 메뉴를 다 맛보고 싶은 이유는 제3대 전수자가 옛날의 레시피를 바탕으로 새로운 맛을 개발했기 때문이다. 오리지널 맛 이외에도 무당無糖, 반당半糖, 상쾌한 맛, 숯불구이 맛 등 다양한 맛의 동과차가 있다. 특히 무당 동과차를 추천하는데, 은은하고 상쾌한 동과의 향긋한 맛이 난다. 마시면 갈증을 해소하는 효과도 있다.

　대만에서 불고 있는 아이스크림의 유행에 발맞춰 가게에서도 독특한 동과차 맛을 개발했는데 우유와 유화제를 첨가하지 않았다는 점을 강조하며, 눈꽃 빙수의 식감과 비슷하면서도 아주 특별한 맛이다.

　한번은 동과차를 마시며 사장님과 이야기를 나누다 언뜻 테이블 위에 놓인 매우 특이한 모양의 유리병 하나가 눈에 들어왔다. 물어보니 수작업으로 만든 50년도 넘은 유리병이었다. 흰색과 녹색의 두 가지로, 예전에 동과차를 담던 용기였다. "처음에는 뚜껑 대신 참깨 줄기로 마개를 만들었고, 그다음에는 코르크 마개를 쓰다가 마지막으로 플라스틱 뚜껑을 사용하게 됐다. 당시에는 유리병 보증금으로 량쟈오인兩角銀(角: 0.1위안, 2쟈오는 0.2위안. '은전 두 개'라는 의미)을 내고 가져갈 수 있었다. 많은 손님들이 보증금을 내고 가져가서 영화를 보며 마신 다음 유리병을 반납하러 오면 보증금을 돌려줬다."는 사장님의 이야기를 듣고 놀랐다. 그 시절에도 이렇게 친환경적인 지혜가 있었다는 것, 그리고 이를 실천했던 옛 상인들의 지혜가 감탄스러웠기 때문이다.

1948년에 화폐제도 개혁을 시행해서 옛 대만 달러 4만 위안이 뉴대만 달러 1위안으로 바뀌었다. 그때 둥과차 한 잔에 2자오를 받고 팔아서 가게 이름도 '량자오인'으로 지었다. '량자오인' 제1대 장푸위 사장은 1922년부터 중정루에서 둥과차 장사를 36년가량 했는데 나중에는 둥과차를 만드는 게 힘들어 제2대 때에는 옷을 파는 장사로 업종을 바꿨다. 제3대인 딸 장자전과 그녀의 남편 천융허 선생은 할아버지의 맛이 사라지는 게 안타까워 1999년에 둥과차 가게를 다시 열고 선대 전통의 레시피와 기술을 이어받아 집안 대대로 전해 오는 옛 맛을 되살려냈다.

제3대인 딸 장자전은 '량자오인'을 선대로부터 물려받은 것이지만, 사실은 남편인 천 사장도 둥과차와 인연이 깊다. '이펑둥과차' 창업주의 어머니가 천 사장의 고모인 천원이어서 어렸을 때는 자주 '이펑'에 가서 둥과차를 마셨다. 천 사장이 군대에 있을 때는 장징궈蔣經國 (1910~1988) 총통의 헌병이었다. 그런데 군복무 중 부당한 대우를 받고 뺨을 한 대 맞아 청각을 상실했다. 군 제대 후 건강이 좋지 않아 자주 먀오위에 가서 신에게 소원을 빌다가 지금의 장모를 만나고 부인도 알게 됐으니, 둥과차와는 떼려야 뗄 수 없는 인연을 맺은 셈이다.

어느 날 천 사장이 때마침 공교롭게도 이펑 둥과차를 사서 집에 돌아가자, 장인과 장모가 자신들이 '량자오인'의 후대라는 사실을 알려주었다. 그는 오래된 가게를 이어받아야겠다는 생각이 들었다. 그 후 부인의 친정에서 예전의 비법들을 전수받고 10여 년에 걸쳐 연구 및 개발을 한 다음, 1999년에 부인과 함께 민쭈루民族路와 하이안루海安路 사거리에서 장사를 시작했다. 언론에 보도되면서 노점 앞에 줄을 서는 사람들이 생겼지만, '량자오인'에게 장사를 하도록 자리를 내준 옆 가게에 피해를 주게 되어 어쩔 수 없이 옮겨야 했다. 고작 1년을 운영하고 문을 닫고는 계속해서 10여 군데의 장소를 둘러보다가 텐허우궁 옆의 장소에 자리를 잡았다.

사실 천 사장은 사람도 많이 다니지 않는 이 골목에 어떻게 손님들이 찾아올 수 있는지 의아하게 생각했고, 심지어는 이웃들도 이 가게의 위치가 별로 좋지 않다고 했는데, 결과적으로는 대박이 났다.

미식 프로그램들이 서로 앞다투어 보도를 했고, 줄 선 사람들이 마치 옛날의 '량자오인'을 다시 보는 것처럼 많았다. 9년간 안정적으로 운영을 하던 중 가게의 집주인이 그 집을 비워 달라고 하여 다시 두 번째 이사를 할 수밖에 없었다. 안핑 운하 옆으로 옮기고 나자 단골손님들이 많이 찾아와 관심을 보여서 결국 지금의 가게를 장만하게 됐다. 부부는 가게를 아주 예스럽게 꾸며 놓았다. 이제 톈허우궁을 지나다 보면 종종 둥과탕冬瓜糖(둥과 사탕)을 끓이고 있는 사장님을 볼 수 있다. 골목 안 곳곳에 떠도는 둥과의 향기는 전통적인 제조법으로 만든 좋은 맛을 이어가는 애틋한 정이 넘친다.

둥과 사탕

옛날 방식으로 만든 유리병

가게에 있는 제품

since 1922

량자오인둥과차 兩角銀冬瓜茶
🏠 台南市中西區永福路二段227 巷51 號
☎ 06-2216818
🕘 09:30~19:00(화요일 휴무)

신메이제 노포 산책 **103**

야첸亞鉛이란 단어가 낯설게 들릴 수도 있는데 실은 아연의 재질은 가볍고 쉽게 녹슬지 않으며, 옛 사람들이 사용하던 생활용품의 주재료이다. 룽싱隆興 차이자蔡家 가게는 소박하고, 가게에서 파는 기물들의 가격도 합리적이다. 몇 번이나 친구들을 데리고 갔는데 가격이 너무 저렴해서 모두들 매번 놀라곤 했다. '룽싱'은 옛날에 대한 향수로 빈티지 열풍이 불어도 가격을 올린 적이 없다. '이렇게 오래된 업종은 정말이지 여러 사람들이 지지하고 응원해 줘야 전승할 수 있겠구나.'라는 생각이 몇 번이나 머리에 떠올랐다.

隆興亞鉛店

룽싱야첸뎬
모든 사람들이
사용하는 생활용품

차이자가 처음으로 야첸뎬을 운영했던 곳은 지금은 철거된 시먼西門 로터리였다. 형제가 분가한 이후, 제1대 차이쯔란 사장이 1962년에 '룽싱야첸뎬'을 창업했다. 처음에는 하이안루에서 가게를 열었지만 2년 후에 지금의 자리인 신메이제로 옮겼다. 소극적인 운영방식의 '룽싱'은 간판도 없이 가정공장 방식으로 경영하면서, 아연 생활용품을 대량 제작하여 다른 가게에 도매로 판매한다. 완전히 입소문에만 기대어 사업을 운영했던 것이다.

제2대 차이둥셴 사장은 아버지가 이른 나이에 세상을 떠나자 굳은 의지로 19세에 아연가게를 물려받았다. 아연통은 그 제작과정이 쉽지 않다. 치고 두드리면서 동시에 아연판을 돌려 가며 모양을 잡아야 한다. 차이 사장은 이제 나이가 점점 많아지니 감회가 새롭다며, 너무 두꺼운 아연은 두드리는 게 힘겨워서 지금은 6센티미터 이내의 제품만 주문받는다고 했다. "아버지의 시대는 아연장사가 가장 잘될 때였다. 그 당시에 3, 4명의 직원과 함께 일했는데 서서히 시대가 달라지면서 기계로 대량생산하는 철제품과 플라스틱제품들 때문에 아연가게들이 문을 닫았고 이제 푸청에는 세 곳만 남았다."는 말과 함께 그는 깔끔하게 손질한 짧은 머리를 만지며 한숨을 내쉬었다.

'룽싱'은 아직도 열심히 일하며 쇠퇴기에 접어든 이 사양산업을 지키고 있다. 차이 사장이 주문받은 가격을 수락했다는 말을 들을 때마다 그가 매우 안타깝다는 생각을 했다. 이윤이 너무 적어서 거의 품삯밖에는 남지 않는다. "생활은 그저 지낼 만하면 되는 거고, 돈은 그리 중요하지 않다."고 그는 시원시원하게 말했다. 바로 이런 '장인 기질'이 수제품에 온기를 더해 주는 것 같다.

차이 사장은 공익사업에 열심이다. 지금은 의용소방대의 일원인데, 작업을 하면서 가게에서 듣는 건 라디오 방송이 아니라 소방서의 무전 내용이다. 도와야 할 일이 발생하면 하던 일을 놓고 반드시 재난 구조에 나선다. 가장 소중한 미덕은 부부 두 사람 모두 전통적인 공예를 사라지지 않게 하려는 열정과 사명감을 지녔다는 점이다. 그들에게 아연과 관련하여 전문적인 질문을 하면 최상의 답변을 얻을 수 있다. 그뿐 아니라 시간이 있다면 그들이 바로 해법을 찾아 주는, 이 오래된 업계 최고의 해설가라고 보면 된다. 다행히도 최근에는 옛날을 추

무럭무럭
자라라!

억하는 유행이 불어 아연제품을 찾는 손님들이 많아져서 '룽싱'이 계속 전통 공예에 전력투구 할 수 있게 되었다. 가끔 차이자 앞을 지나며 가족들이 함께 모여 일을 나눠서 작업하는 모습을 본다. 아들은 못을 박고, 딸은 접착하는 걸 돕고 있다. 가업을 이어간다는 감동 외에도, 가족들이 뜻을 함께하는 소중한 마음도 눈에 들어온다.

물뿌리개
다양한 크기의 물뿌리개가 있다.

물동이
쓰레기통으로 사용하는 게 요즘 유행이다.

핸드메이드 차통

시멘트통
나무 막대를 부착하면 일종의 물뿌리개가 된다.

재질이 가볍고 녹슬지 않는 아연제품은 옛날부터 사랑받아 온 생활용품이다.

since 1962
룽싱야첸뎬 隆興亞鉛店
台南市新美街148 號
06-2217621
09:00~22:00(일요일 부정기 휴무)

大井頭

역사를 간직한 옛 우물터 _다징터우

도로의 바닥에 있는 다징터우大井頭는 시에서 지정한 고적으로 언뜻 보면 하수도 구멍처럼 보여서 사람들의 눈에 잘 띄지 않는다. 그 위를 오가는 많은 사람과 차량들은 그곳이 시 지정 고적이라는 사실을 전혀 느끼지 못한다.

다징터우는 지명으로. 원래는 큰 우물 옆에 있던 부두를 가리킨다. 1863년 이후 대만과 중국의 상선이 자주 왕래하기 시작하면서, 그 해 다징터우 일대는 매우 풍요로워졌고 '다징大井 (큰 우물이라는 의미)' 또한 왕래하는 선박들이 물을 보급받는 곳으로 지정이 됐다. 우물의 수질이 좋고 물맛이 달아서 '다징의 물을 마시면 잘 자란다.'라는 말도 있다. 일제강점기에도 여전히 많은 사람들이 물을 마시러 다징에 왔다. 수돗물이 점차 보급되자 물을 긷기 위해 오는 사람들의 수가 줄었다.

1916년에 민촨루를 확장할 때 우물의 절반을 메웠다가 1965년에 민촨루를 재차 확장하면서 우물 전체를 없애고 입구를 무쇠 뚜껑으로 덮어 지금 보이는 모습처럼 완전히 도로에 가려지게 되었다. 이제 사람들이 다징터우의 옛 역사를 알고 싶으면 근처 길가에 세운 설명비를 읽어야만 그 장소를 기념할 수 있을 것 같다.

ⓘ Info
주소: 台南市民權路二段與永福路交會處(全美戲院旁)

건설 연대 불명

옛 거리
느리게 걷기

金德春茶莊

푸청에서 백 년 된 차 도매상은 세 곳이 있는데 그중 하나가 1868년에 개업한 '진더춘차좡金德春茶莊'이고, 옛날 방식 그대로 찻잎을 말리는 유일한 곳이다. 당시에 차를 말리는 기술을 더 연마하기 위해 '진더춘'은 중국의 베이차焙茶(차를 약한 불에 말리는 것) 사부를 대만으로 모셔와 기술을 전수받았다. 하지만 이 기술을 배우기 위해서는 반드시 사부에게 술이나 식사를 잘 대접해야 했다. 사부들은 술을 마시고 즐거워야 비로소 개인적인 비법을 기꺼이 알려 줄 것이기 때문이다. 제3대도 중국 안시安溪(안계: 중국 푸젠성 남부의 현)현에 가서 베이차 기술을 배운 적이 있고, 제5대는 중국 윈난성에서 차를 제조하는 기술을 배웠다. '진더춘차좡'에서는 지금도 가게에서 직접 차를 말리는데, 이것은 백 년을 이어 온 집안 전통이기도 하다.

진더춘차좡
옛날 방식으로
찻잎을 말리는
유일한 차항

전쟁의 불길 속에서도 살아 남아
　　지금까지 가게와 함께하는 옛날 용기들

롱취안옌 (1912년)
류쉐화 (1981년)
샤오바오중 (1912년)
정위잔 (1951년)
바이차 (1960년대)
옛날 차통들이 계산대 위에 나란히 진열되어 있다.

중국 푸젠성 융춘永春에서 온 린샤오쉬안은 제1대 사장으로, 착실하게 산속에서 차를 재배하는 사람이다. 그는 "스스로 키운 차를 오래 마시면 눈이 밝아진다目瞅會金閃閃."라는 말을 했다고 한다. 청나라 때는 차를 키우지 않는 대만에 와서 고향의 차를 팔다가, 결국 지금 살고 있는 곳에 거주하게 되었다. 제5대 사장 린자는 제2차 세계대전 기간에 잠시 시골에 가서 전쟁을 피한 것 외에는 백 년 동안 계속해서 신메이제에서 가게를 운영해 왔다.

초기에는 차창 앞쪽에서 찻잎을 팔고 뒤쪽은 객잔이었다. 대만에 장사하러 온 상인들에게 머물 곳을 제공했는데 전쟁 이후 객잔은 운영하지 않게 되었다고 제4대 린잉룽이 옛날을 회상하면서 말해 주었다. 가게 안에서 가장 특별해 보이는 건 중국에서 왔다는 커다란 옹기이다. 당시에는 상인들이 옹기에 상품을 담아 가지고 와서 다 팔리면 그 옹기를 '진더춘차창'

에 팔았다고 한다. 원래 가게에는 아름다운 녹색의 커다란 옹기들이 많이 있었는데, 중일전쟁 당시 미군이 대만을 폭격해서 화재가 나는 바람에 목재 주택들이 불에 타면서 그 옹기들 위로 무너져 내렸다. 지금 가게 입구에서 안쪽까지 늘어서 있는 옹기들은 그때 뒷마당에 방치되어 있던 옹기들이다. 그래서 오히려 재난을 피하고 가게와 더불어 오늘날까지 함께하고 있다.

이 옹기들은 그 당시 물품을 담는 데 썼지만 지금은 '진더춘'의 찻잎을 저장하는 용기로 쓰인다. 진열대 위에 늘어서 있는 것은 시기별로 오랜 역사를 가진 옛날 차통으로 1912년부터 1981년까지의 용기이다. '진더춘'은 차통으로 차창의 역사를 기록하고 베이차의 향기는 쌓이고 쌓여 차운茶韻(차의 운치)이 갈수록 그윽하고 향이 더해져 백 년이나 된 옛날 옹기와도 잘 어울린다. 백 년에 이른 이 가게에 들어서면 차통

린웨양은 가게에서 팔 만한 좋은 차와 다기를 구하기 위해 각지를 찾아다닌다.

전시관에 들어간 것 같다. '진더춘'은 전통적인 거리 라오제의 차 역사를 보여 주는 생활박물관과 다름없다.

린 사장은 미학적 소양이 무척 높다. 가게의 차통에 쓰인 붓글씨는 모두 그의 작품이다. 문으로 들어서자마자 앞에 보이는 두 개의 옹기에 덮인 나무 뚜껑의 조각도 그의 작품이다. 가게에서 파는 다기에는 붉은 종이로 차 이름을 적어 오래된 느낌이 들게 한다.

제5대 린웨양은 아버지의 예술적인 재능을 물려받아서, 다기를 진열하는 나무 진열대는 그가 만든 것이다. 가게 안에 있는 돌바닥도 여러 해 전에 직접 만들었는데, 그때는 직접 중국에 가서 화강암(석판 한 장이 무려 33킬로그램이고 두께는 7센티미터)을 골라 와서 직접 시공하고 완성했다. 린웨양은 가게를 운영하는 법을 배우며 20여 년 동안 중국의 여러 곳을 돌아다니며 그곳의 좋은 차와 다기를 들여와서 가게에 전시하고 판매도 한다.

'진더춘차좡'에서는 좋은 차도 만들고 예술적인 감각도 키우면서 두 세대가 정성으로 차 문화를 이어가고 있다. 그들이 집안 대대로 전해 내려오는 차 제조 기술을 발휘해 덖은 차가 백 년의 독특한 차향을 간직하고, 입에 감치는 좋은 맛을 내서 옛 골목에 향기로운 차의 운치가 계속 떠돌게 하기를.

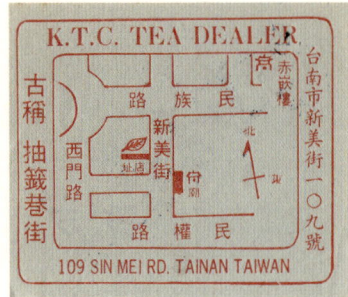

제4대 린잉룽 사장이 디자인한 명함

since 1868

진더춘차좡 金德春茶莊
🏠 台南市新美街109 號
☎ 06-2284682
🕘 09:00~20:00(연중 무휴)

다다미는 일제강점기에 대만에 전해져 그 당시 대만 거주 일본인들이 주로 사용하였다. 그 후 다다미는 겨울에는 따뜻하고 여름에는 시원해 점차 쓰는 사람이 늘어나 수십 년 전부터 생활필수품이 되었다. 그러나 스프링 침대가 나오고부터 수요가 점점 줄어들었다. 요즘 몇 년 사이 타이난에서 오래된 집에 대한 관심이 일면서 다다미와 같은 빈티지한 전통 공예가 다시금 사람들의 주목을 받고 있다.

泉興榻榻米

촨싱다다미
한 땀 한 땀
바느질로 이어진
다다미의 정

沈混泉

일제강점기의 대만에서는 다다미 수요가 많아서 당시에 다다미를 만들던 사부의 수입이 높아 경찰 월급의 거의 3배에 달할 만큼 좋았다고 한다. 때마침 대만에 다다미 가게를 차리고 견습생을 구하던 일본인 오카다 사부와의 인연으로, 자리구에서 온 리진수이 할아버지가 견습생이 되어 이 일을 시작한 지 70년이 된다. 리 할아버지는 지금 87세의 고령으로, 제2대는 가업을 잇지 못했다. 오히려 중국에서 공부한 손자 리쭝쉰이 대만으로 돌아와 군에서 제대한 후 다다미 제작에 관심이 생겨 연로하신 할아버지를 가까이에서 챙기며 할아버지의 제자가 되었다. 리 할아버지는 사부에게 3년 4개월에 걸쳐 기술을 배우고 사부가 되어 일을 시작해 다다미 장사가 한창 잘될 때는 제자를 세 명까지 받은 적도 있었다. 하지만 시장이 위축되고 수요가 줄어든 다다미 업종은 살아남기가 어렵고, 가업의 전수와 계승은 생각도 못 할 상황이었는데, 다행히도 손자가 이 일을 물려받아 리 할아버지의 60년 넘은 기술이 후대까지 이어질 수 있게 되었다.

리 할아버지는 몸을 다쳐 이제는 다다미 만드는 일을 할 수 없게 되었다. 그래도 매일 가게 앞에 나와 앉아서 오래된 이웃들과 이야기를 나누며 시간을 보내며, 손자에게 전문적인 조언을 해 주는 고문이기도 하다.

28세의 젊은 사장 리쭝쉰은 성격이 독립적이다. 젊은 나이에 이 다다미 가게를 혼자 이끌어 나가는 모습을 보면 정말 감탄스럽다. 일이 너무 바쁠 때는 60년 경력의 선훈취안 사부에게 도움을 청한다. 내가 가게 안에서 스케치를 할 때 두 사람이 기술과 재료 문제를 개선하기 위해 집중 토론하던 모습이 아직도 눈에 선하다. 리쭝쉰 사장에게 기술을 전수해 준 사람이 할아버지와 선 사부였다면, 개량된 다다미를 만들고자 고민하고 오랜 경험에 새로운 개념을 추가하고 녹여내 다시 개선하는 사람은 리쭝쉰 사장이다. 이렇게 대를 이어 전해지는 마음 씀씀이들이 수공업 제품에 더욱 따스한 온기를 불어넣는다. 선 사부는 이미 퇴직을 했고, 지금은 리쭝쉰 사장과 그의 약혼녀가 함께 뜻을 모아 다다미 사업에 매진하고 있다.

리쭝쉰 사장은 다다미의 장점을 차분하게 설명해 주었다. 천연 소재인 볏짚으로 만든 다다미를 사용할 때는 건조에만 유의하면, 통기성이 좋은 볏짚의 특성상 여름에는 시원하게 지낼 수 있고 겨울에는 보온 기능도 갖추고 있으며 또한 은은한 풀 냄새가 나므로 숙면을 취할 수 있다고 한다.

한 시간이면 완성할 수 있는 다다미는 백 년 공력이 담긴 기예의 결과물이며, 할아버지와 손자의 시대를 이어 주는 연결고리로, 다다미 바느질 한 땀 한 땀처럼 촘촘하게 얽혀 있는 대만 장인들의 정감어린 이야기를 푸청에 남겨 준다. 대만의 장인들의 정답고 따스한 온갖 사연이 꿰어 있는 것 같다.

since 1947
촨싱다다미 泉興楊榻米
🏠 台南市新美街46 號
📞 06-2225227
🕗 08:00~21:00(일요일 부정기 휴무)

開基武廟

대만 최초의 관우 사당 _ 카이지우먀오

1669년에 설립된 카이지우먀오는 대만 최초의 관디먀오關帝廟(관우 사당)이다. 건축 규모는 작지만 싼촨먼三川門, 바이뎬拜殿과 정뎬正殿까지 모두 갖추고 있으며, 향의 연기가 언제나 우먀오를 감싸고 신도가 매우 많다. 위안정뎬原正殿은 현재 타이난의 시 지정 고적이다.

먀오廟의 터가 좁아서 마스예馬使爺(마사신은 관공의 말을 관리하는 마부인데 관공의 말은 명망 있는 적토마赤兔馬다. 관공과 함께 전쟁에 다니며 공훈을 많이 세워 후대 사람들이 감사하는 마음으로 우먀오에서 마스예와 적토마에 제사를 올린다)와 후예虎爺(호랑이신)를 싼촨뎬三川殿 우측에 있는 작은 감실神龕(신상이나 위패를 모셔 두는 곳)에 모시고 있다. 먀오의 문에 나무로 만든 먼딩門釘(줄지어 박은 장식용의 커다란 못)으로 장식해서 먼선門神(문의 신)을 대신했다. 먼딩은 교지(제왕의 분부, 칙령)를 받아 쓰뎬祀典을 할 수 있는 먀오위廟宇나 원우먀오文武廟에서만 볼 수 있다.

카이지우먀오는 샤오관디먀오小關帝廟라고도 하는데 쓰뎬우먀오祀典武廟라는 호칭이 있는 '다관디먀오大關帝廟'와 구분하기 위해 그렇게 부르는 것이다.

청나라 때 먀오 앞 골목 안에 점쟁이가 점집을 열어 점을 봐 주기도 했는데 왕래한 상인이나 여행객들이 찾아오고 추첸원부求籤問卜(구첨문복: 신불 앞에서 제비를 뽑아 길흉을 점치는 것)하러 온 사람들이 많아서 이 지역은 '처우첸샹抽籤巷(점집 골목)'이라고 부르기도 한다.

나는 먀오의 문 앞에 서서 스케치를 했다. 향 연기가 모락모락 피어오르는 모습은 사람의 마음을 편안하게 해 준다. 많은 신도들이 눈을 감고 경건히 정성스레 절을 하고, 하늘에 대한 공경심을 전하며 평안을 비는 것도 하늘의 뜻에 마음을 맡기고 일이 잘되기를 부탁하는 것이다. 먀오에 와서 절을 올리는 모습은 대만 사람들의 민속 생활을 보여 주는 따뜻한 장면이다.

옛 거리를 느리게 돌아볼 때는 오래된 먀오로 산책을 가기도 하고, 향을 올리거나 두 손을 합장하고 참배를 하며 가족과 자신의 건강과 행복을 기도한다.

ⓘ Info
주소: 台南市新美街114號
개관 시간: 07:00~21:00

since 1669

大嶺頭
오래된 골목길 _다링터우

예전에 범선들이 정박했던 판랴오帆寮항은 5개의 항구(왕궁항, 마쭈궁항, 관디항, 다징항, 판랴오항) 중 가장 남쪽에 있다. 현재 항구 시설은 없어지고 판랴오제帆寮街라는 거리 이름으로만 남았다.

청나라가 대만을 다스리던 시기에 상업과 여행을 위해 왕래하는 배들이 많았는데 화장실이 많지 않아 많은 선원들이 가까운 다링터우에서 볼일을 보곤 해서, 오래지 않아 스산딩屎山頂(똥산마루)이란 별명이 생겼다. 현지 주민들은 '막다른 골목'이라고 불렀다.

비즈니스호텔 옆 골목을 따라 스산딩屎山頂으로 올라가니 골목 안은 양의 창자처럼 꼬불꼬불하다. 타이난 싼자오三郊(1720년대에 설립된 타이난의 지역상공회 조직) 중의 하나인 탕자오糖郊의 상인 리성싱李勝興의 집이 이곳에 있었다고 한다. 옛 모습을 몰라볼 정도로 변하여 아쉽게도 지금은 이 부유했던 상인의 집을 찾을 수가 없다.

그다음의 길모퉁이에는 적의 활동을 살펴볼 수 있는 고지高地가 있다. 정씨왕국 시기에는 타이장 네이하이台江內海(17세기 대만의 남쪽에 있었던 큰 석호. 지금은 없어짐)를 빼곡하게 채운 배들의 그림자를 볼 수 있었다. 그러고는 내리막이 나오고 끝자락이 바로 차량의 왕래가 끊기지 않는 시먼로西門路이다.

항구의 생활이 푸청 사람들의 기억 속에서 점차 희미해지면서, 수천 척의 선박들이 드나들던 세월의 번잡함이 이제는 역사의 흐름 속에 묻힌 듯하다.

ⓘ Info
주소: 台南市新美街39 號旁

恭仔意麵

상어 지느러미 물만두 하나에 150위안! 비싼 가격에 엄청 놀랐지만 모처럼 '궁짜이이몐恭仔意麵'에 갔으니, 가게에서 우스개로 써 붙인 가격인지 진짜로 맛이 좋은 음식인지 직접 먹어 봐야 알 수 있다는 생각에 호기심으로 하나를 주문했다. 사이즈로 봐서는 정말 일반 물만두보다 1.5배는 컸다. 천천히 네 조각으로 잘라서 맛을 보았다. 물만두를 고급요리처럼 대하는 내 모습이 약간은 우스꽝스럽다는 생각이 들었지만, 그래도 육즙을 가득 머금은 싱싱한 상어 지느러미가 입에 들어가자마자 만족스러운 미소를 지을 수 있었다.

궁짜이이몐
가장 저렴한 가격으로 먹는 최고의 미식

상어 지느러미 물만두
150위안(1개) 일반 물만두 가격의 1.5배

'궁짜이이몐'은 1949년 길가의 노점으로 시작했다. 가게 이름 '궁짜이'는 제1대 장밍궁 사장의 별명이고, 제2대 장룽후이 사장이 가게를 넘겨받은 지도 벌써 20년이 넘었다. 이 오래된 가게에는 창업 당시부터 팔았던 기존의 음식 외에도 장 사장이 6~7년 전 특이한 물만두를 개발하여 새로운 요리를 메뉴에 추가했다. 비록 뒷골목 가게에 불과하지만 푸청에서 먼 곳까지도 명성이 자자한 샤오츠(간단한 음식) 맛집이다. 가게 내부의 식사 환경은 평범하지만 벽에 붙은 메뉴판을 자세히 읽어 보면 가격 착한 노점용 면 요리 종류, 그리고 뜻밖에도 상어 지느러미 같은 고가의 요리도 있어 매번 손님들의 고개를 갸우뚱하게 만든다. 장 사장의 설명을 듣고서야 비로소 납득할 수 있었다. 알고 보니 장 사장이 홍콩 요리 사부에게 요리를 배워서 손님들이 이 가게에서 샤오츠 말고도 대형 레스토랑에서만 먹을 수 있는 고급 요리를 맛볼 수 있게 된 것이다.

헤어스타일이 아주 개성 있는 장 사장의 강추 메뉴는 가게의 인기 샤오츠 메뉴인 돼지 간 탕이다. 얇게 썬 돼지 간을 끓는 물에 살짝 익혀 질기지 않으며 신선하고 살캉살캉한 식감이 먹어볼 만하다. 간판 요리인 이몐意麵은 운두가 낮은 접시에 담아 내는데, 얼핏 보면 타이난의 단짜이몐처럼 보이기도 한다. 새우 한 마리와 편육 몇 조각에 녹색 잎채소를 곁들이고 궁짜이이몐의 느끼하지 않은 러우짜오, 다진 마늘, 사차沙茶(말린 새우·생강·땅콩에 고추를 넣어 풀처럼 이긴 중국 남방의 조미료. 꼬치구이나 볶음요리 양념으로 쓴다)를 뿌려 가볍게 버무린 후 상에 올리면 향기가 은은하게 퍼진다.

'궁짜이'의 명성을 듣고 찾아오는 손님이 많아 식사 시간이면 항상 기다려야 하므로 진미를 먹으려면 정말이지 인내심이 있어야 한다. 스케치를 하면서 가게 안에 '1984 世運會(나는 1984 올림픽을 사랑한다)'라는 문구가 적혀 있는 젓가락이 눈에 띄어 물어보았다. 예전에 사장이 젓가락을 구입하려다 적당한 디자인을 찾지 못했을 때, 올림픽 기념품인 젓가락들이 남아서 쓰게 된 것이라고 한다. 어쩌다 한 번 사용하게 된 것이 이 가게만의 개성적인 용품이 될 줄은 몰랐다고. 생각해 보면 그 젓가락들도 오래된 물건이니, 오래된 가게의 오래된 식기 옆에 놓이면 잘 어울리지 않겠는가.

궁짜이이몐

since 1949
궁짜이이몐 恭仔意麵
🏠 台南市中西區新美街28號
☎ 06-2217506
🕐 11:00~23:00

洪芋頭担仔麵

가게에 들어서면 곧바로 눈에 띄는 여러 개의 붉은 등이 손님들을 열정적으로 환영하는 것 같다. '훙위터우단짜이몐洪芋頭担仔麵'은 그 옛날 대나무 멜대를 메고 길거리로 나가 소리 높이 외치며 팔았던 '단짜이몐'의 풍미를 그대로 간직하고 있다. 낮은 의자를 사용해서 동선의 흐름이 편리하게 연결되며, 낮은 식탁과 작은 나무 의자로 꾸민 빈티지한 분위기는 식사하러 오는 손님들에게 친근하고 편안한 느낌을 준다.

훙위터우단짜이몐
푸청의 백년 문화가
담긴 타이난 대표 음식

단짜이몐 40위안
루단 10위안
샤쥐안 50위안

국물에
러우짜오
향기가 가득하다.

(루단의 맛은 테단과 비슷하다.)

샤쥐안을 바삭하게
튀겨 주므로 식어도 맛이 좋다.

청나라 말기, 홍위터우는 타이난과 안핑 사이를 오가는 나룻배에 의지하여 장사를 했다. 청명에서 추석까지의 기간에는 태풍이 불고 비가 많이 오며, 배가 뒤집힐 위험이 커서 장사를 제대로 할 수 없었다.

생계를 이으며 샤오웨小月 기간을 잘 넘기기 위해서 그는 멜대를 메고 거리에 나가 큰 소리로 외치며 독창적인 새우탕 국물에 특제 러우짜오를 얹은 단짜이몐을 팔았다. 그 후 수이셴궁 앞에서 노점을 벌였다. 노점 앞에 걸어 두는 유등에 '두샤오웨度小月'라는 글자가 쓰여 있었기 때문에 '두샤오웨'로 통하다가 가게 이름으로 굳어졌다. 이제 독특한 맛의 단짜이몐은 타이난의 대표적인 음식 중의 하나가 되었고, 홍위터우 사장의 비법은 두 명의 아들에게 전해졌다.

맏아들은 시먼루에서 가게를 열었고, 둘째 아들은 중정루에서 가게를 열어, 두 아들의 집안이 모두 두샤오웨의 전통을 잇고 있다.

홍위터우 사장이 1895년에 개업한 '단짜이몐'은 대를 이어 온 지 118년이 되었다. 지금은 제3대의 부인인 우자펀과 제4대인 그녀의 두 딸이 함께 가게를 운영한다.

홍씨 집안의 며느리이자 어머니 그리고 두 딸, 이렇게 세 명이 백 년 가게를 잇고 있는데 제4대 중에서 언니인 홍페이인은 손님을 응대하는 일과 홍보를 맡고 있으며 가게 안의 그림은 모두 그녀가 공들여 그린 작품들이다. 그녀의 동생 홍이루는 재료에 대한 연구에 전념하고 있다.

식재료는 전통적인 방식에 현대적인 개념을 도입하여 통조림 공장을 설립하고, 비법의 러우짜오용 소스를 생산하고 있다. 젊은이들의 새로운 아이디어로 백 년 가게를 운영하면서

인터넷 택배 등의 방식으로 상품을 판매하고 홍보도 적극적으로 한다. 젊은이의 패기로 '홍위터우단짜이몐'을 발전시키고 기업화 경영에 매진하여 이 좋은 맛을 더 많은 사람들이 먹을 수 있게 된 것이다.

미소 띤 얼굴이 친근감을 주는 홍페이인은 늘 계산대를 지키며 손님맞이에 바쁘다. 그녀는 "우리 가게에서 국수를 끓이는 노사부와 직원들은 모두 20년 이상 근무를 해 온 분들인데 아버지가 세상을 떠난 후에도 옛 가게를 계속 지켜 나가고 전통의 맛을 유지할 수 있도록 도와주셔서 너무도 감사하다."고 말한다.

노사부들은 낮은 의자에 앉아 오랜 기간 다져온 솜씨를 발휘하여 노련하게 불을 다루며 한 그릇씩 시대의 이야기가 가득한 단짜이몐을 만든다.

단짜이몐 외에 간판 요리인 루단滷蛋(고기를 조릴 때 함께 넣어 졸이거나 양념에 졸인 달걀)의 맛은 톄단鐵蛋과 비슷하다(파, 마늘, 산초, 회향, 계피, 팔각, 정향 등을 물에 넣고 간장과 조미료를 넣어 끓인다. 비둘기알, 달걀, 메추리알 등을 넣어 30분 정도 푹 끓인다. 이것을 꺼내어 말린 다음, 다시 끓인다. 이렇게 10번 정도를 반복하면 짙은 초콜릿 색깔의 톄단이 된다). 루단은 입에 들어가면 향기가 퍼지며 탄력성이 있어 씹을 때의 식감이 좋다. 샤쥐안蝦捲(새우롤) 안에는 통새우 한 마리와 감칠맛을 더해주는 다진 새우가 들어 있고, 튀겨서 바로 상에 올리므로 새우 향이 물씬 나며, 식은 다음에 먹어도 맛이 좋다. 역시 식재료에 정성을 들이는 전통 있는 가게다.

'단짜이몐'은 푸청의 백 년 문화와 추억의 맛을 떠올리게 해 주었다. 옛날 옛적의 맛이 사람들의 미뢰를 통해 전달되고, 그릇마다 맛있는 음식으로 가득한 이곳 샤오츠의 역사적인 맛과 함께 그 마음까지 전해지는 것 같다.

since 1895
홍위터우단짜이몐 洪芋頭担仔麵
🏠 台南市中西區西門路二段273號
☎ 06-2253505
🕙 10:00~22:00(연중 무휴)

隘門
촌락을 지키는 방어 설비 _아이먼

아이먼隘門은 예전에 주민이 스스로를 지키기 위한 대책의 하나로 설치한 대만 초기 촌락 특유의 방어적인 건축물로, 촌락이나 도시의 거리를 지키는 안전한 방어 설비라고 할 수 있다. 아이隘는 작고 비좁고 험준하며 막힌 곳을 지칭한다. 그래서 아이먼은 지형이 험한 곳에 설치한다. 주요 기능은 두 가지로, 하나는 '도적을 막기'이다. 아이먼은 보통 낮에 열고 밤에 닫는다. 아이먼에 출입자들을 감시하기 위한 작은 구멍만 남긴 것은 생명과 재산의 안전을 보장하기 위해서이다. 또 하나는 '셰더우械鬥(흉기, 무기를 가지고 싸우는 것)의 한계'로, 흉기를 들고 싸움을 벌일 때 자신의 아이먼 안으로 피신하고 아이먼을 닫으면 안전을 보장할 수 있게 된다.

시대의 변화에 따라 이제 아이먼은 그 기능을 상실하여 하나씩 철거되었다. 대만에 남아 있는 아이먼은 특별히 소개해 주지 않으면 그곳을 지나가더라도 그 역사와 특수한 기능을 알아채지 못할 것이다. 아이먼은 옛날 사람들의 삶의 지혜를 증명하는 것으로, 촌락역사 연구에 있어서 매우 중요한 문화유산이다.

> **ⓘ Info**
> 주소: 台南市中西區永福路197巷 6弄

宮後街冰攤

궁허우제빙탄
아침부터 서서 먹는
빙수 가게

이 빙수 포장마차는 이미 3대째 길거리에서 바람과 비를 견뎌 내며 70년이 넘는 세월을 묵묵히 이어 가고 있다. 제3대 황우슝 사장은 보기에는 인상이 엄숙하고 잘 웃지 않지만, 사실은 매우 친절한 분이다. 내가 서서 스케치를 하는 걸 보고는 의자를 하나 가져다 주었고, 바쁜 중에도 나와 이런저런 이야기를 주고받으며 일했다. 황 사장은 초창기의 빙수 노점 이야기를 들려주면서, "제1대인 할머니는 생계를 위해 노점에서 장사를 했지만 그리 오래가지 못했다. 뒤를 이은 제2대 아버지 황렌칭이 민촨루와 시먼루 사거리 과일 가게 앞에 노점을 차렸고, 장사한 지 55년이 됐다."고 말했다. 이렇게 오랜 세월 집안 대대로 내려오는 레시피로 만드는 '궁허우제빙탄宮後街冰攤'의 맛은 변하지 않았고, 이 옛날 맛으로 수십 년의 단골손님들을 꽉 잡고 있다. 요즘에는 더욱 많은 젊은이들이 이 맛의 매력에 빠져 옛날의 타이난을 회상하면서 이 빙수를 먹으러 찾아오고 있다.

일찍이 아버지가 노점을 운영할 때부터 황 사장은 숨어 있는 일등 공신이었다. 그는 시간이 많이 걸리는 현장의 작업을 책임지고 새벽 4시 반부터 일을 시작해서 하루 종일 바쁘게 움직였다. 아이위愛玉(박처럼 생긴 무화과의 열매. 씨앗 안에 펙틴 성분이 있어 젤리를 만드는 데 사용)를 올바른 방법으로 잘 닦고, 시간과 품이 많이 드는 훈궤

粉粿(끓여서 판모양으로 굳힌 젤리를 자른 것)를 만든다. 그리고 부드러운 아몬드 젤리, 탄력이 있는 버블을 만들어 푸청 미식가들의 까다로운 입맛을 사로잡는다. 황 사장이 장사를 이어받은 지 벌써 10년이 넘었고, 그의 아들도 그가 젊은 시절에 그랬듯 아버지를 도우며 먼저 재료를 만들고 준비하는 법을 파악한 다음 손님들을 대하는 일을 배울 것이다.

아침부터 빙수를 파는 것에는 다 이유가 있었다. 여름 더위 때문에 일찍 일어나 새벽부터 일하는 사람들이 온몸이 땀에 흠뻑 젖으므로 아침부터 빙수를 파는 노점이 생기게 된 것이다. 에어컨이 보급되지 않았던 시대에는 일할 때 빙수를 먹는 게 더위를 식히는 데 있어서 빼놓을 수 없는 일이었다는 이야기를 듣고 무척 재미있었다. 이야기가 나온 김에 가게 이름이 있냐고 슬쩍 사장 부인에게 물어봤더니, '무명씨 빙수가게'라는 유머러스한 대답이 돌아왔다. 생각해 보니 의자 하나만 있는 작은 노점에서 서서 먹어야 하니 그렇다. 헬멧을 쓴 기사들이 그릇을 손에 들고 먹는 모습을 보았다. 오토바이에 앉아 한입 크게 떠먹고 대부분은 그릇을 들고 노점 옆에서 서서 먹는다. 여러 가지 '먹는' 패턴이 다 모여 있어서 이 오래된 빙수가게의 매력을 충분히 엿볼 수 있다. 가게에서 직접 만드는 탄력 있는 훈궤는 꼭 먹어 보길 추천한다. 훈궤는 설탕 시럽을 뿌려서 먹는, 여름의 더위를 물리치는 최고 인기상품이다.

매일 새벽 6시 반쯤에 가게를 여는데, 여름에는 손님들이 많아 오전 10시쯤이면 다 팔려서 문을 닫는다. 한번은 택시를 타고 찾아온 관광객이 있었는데 아쉽게도 그때는 이미 사장이 집에 돌아가려고 가게를 모두 정리한 상태였다. 실망한 표정이 가득한 그 관광객의 모습에서, 여기가 바로 그 늦게 오면 '못 먹은 한'이 쌓이게 된다는 '무명씨 빙수가게'임을 실감할 수 있었다.

since 1943
궁허우제빙탄 宮後街冰攤
🏠 台南市西門路二段275號,
진거케이크金格蛋糕 옆 골목 입구
🕐 07:00~12:00(부정기 휴무, 재료 소진 시까지)

錦源榮喜幛

시장喜幛은 기념일(명절, 축제)의 흥취와 글자의 아름다움을 결합한 일종의 예술이다. 전통적인 직업 중에서도 서예의 선禪적인 의미와 젠즈剪紙(종이를 오려 여러 가지 형상이나 모양을 만드는 종이 공예)의 공력을 결합한 이 일에 종사하는 거의 모든 사람들이 글씨를 훌륭하게 잘 쓴다.

진위안룽시장
신랑 신부들이 가장 좋아했던 결혼 축하 예물

시장

진위안룽 시장에 전해 내려오는 글씨본

예전에 면포 도매상을 운영하던 시기의 사진으로 1972년에 촬영한 것.

부귀를 상징하는 금박 글자가 든 시장을 보고 어떻게 이런 예쁜 금자金字를 자를 수 있는지 궁금해서 사장에게 물어보았다. 제3대 천칭빈 사장이 금색의 두꺼운 종이 한 장을 꺼내어 스테이플러로 네 귀퉁이를 고정하고 '글씨본'들 중에서 적합한 글꼴을 찾아 작업하는 과정을 단계별로 천천히 시범을 보여 주며, 글꼴들 대부분을 돌아가신 아버지가 직접 만들었다고 알려 주었다. 처음에 가게에 있던 글꼴들은 모두가 두꺼운 옛날 청첩장으로 만들었는데, 종이는 훼손되기가 쉬워서 새로운 글꼴을 만들어야 하는 일이 잦았다. 20여 년 전 아버지가 커팅 매트와 유사한 종류의 재질을 찾아내서 글씨본들의 수명을 연장했다. 지금 사용하고 있는 각 글자는 모두 제2대 천관룽 사장이 붓으로 쓴 다음 정밀하게 잘라서 만든 것이다. 천 사장은 자신이 직접 만든 이 글씨본들을 분류해서 수납하는데, 벽면의 거의 절반을 차지하고 있다. 여기에 매년 새로 만든 글자본이나 희귀한 글자본만 더하는 정도로 보충해 나간다고 한다. 대를 이어 전해지는 글자체로 만든 글씨본이 아주 따뜻해 보였다. 이 글씨본들이 글자의 힘을 후세에 전하고, 집 안팎을 지키며, 점점 힘을 잃어가는 이 오래된 업종도 지키는 것이리라.

예전에는 축하의 뜻을 담은 시장이 혼사에 반드시 필요한 축하 예물이었다. 진홍색 비단 천에 금자를 달고 대청에 곱게 걸린 시장의 대표적인 의미는 축복이다. 하지만 시대가 변하면서 시장에 필요한 천을 만드는 전문방직공장들이 차례로 문을 닫아, 천 사장이 품질이 좋고 잘 만든 용봉포를 찾기까지 많은 시간이 걸렸다. 오늘날에도 붉은색은 여전히 기쁜 일을 상징하지만, 아쉽게도 사람들이 이제는 전통 예법을 중시하지 않는다. 옛날에 장사가 잘될 때

금자를 오리는 순서

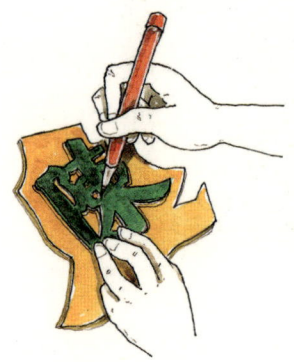

1. 글씨본을 대고 글꼴을 모사한다.

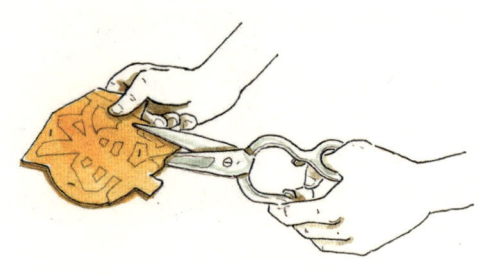

2. 스테이플러로 고정하고 자른다.

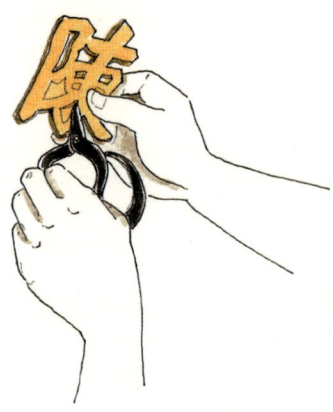

3. 작은 가위로 구멍을 뚫어 글꼴의 안쪽을 오려 낸다.

4. '금자'를 완성한다.

는 매번 길일마다 가게 안에 늘 사람들이 바쁘게 오가는 모습을 볼 수 있었는데 꽃집과 선물가게가 잇따라 생겨난 데다가, 요즘 신혼부부들은 서양식 결혼식을 선호해서 전통적인 시장은 찬밥신세가 되어 버렸다. 세월이 갈수록 손님의 발길이 뜸해지자, 천 사장은 어쩔 수 없이 다른 일을 구해야만 이 집안 사업을 지킬 수 있었다.

1922년에 문을 연 '진위안룽錦源榮'의 설립 당시의 이름은 '좐원부좡撰文布莊'이었다가 나중에 '진위안룽부좡錦源榮布莊'으로 바뀌었다. '진위안룽'의 한문 세 글자는 제2대인 고모, 큰아버지, 그리고 천 사장의 아버지 등 세 명의 이름 중 각각 한 글자씩을 조합한 것이다. 처음에는 단순히 면포만 팔았는데, 가게 수익을 올리기 위해 시장과 서우장壽帳, 그리고 대신 글을 써 주는 업무를 추가하게 되었다. 지금은 주로 시장, 서우장, 채색 비단, 모포를 팔고 있으며 대필 일도 한다. 설날 전에는 춘롄春聯(중국에서 신년에 문이나 기둥·가로대 등에 대구對句를 써서 붙이는 것)을 팔기도 한다.

스케치를 하면서 천 사장에게 "다음 대에서 이 일을 물려받게 되나요?"라는 질문을 던져 보았다. 머리를 숙이고 글자를 자르던 천 사장은 고개도 들지 않은 채, "이 가게를 내가 은퇴할 때까지 운영할 수 있을지 확신이 서지 않아서 아이들 대까지는 생각도 못 해봤네요!"라고 대답했다. 나는 멍하니 그가 글자를 오리는 모습을 지켜보았다. 눈을 감는 동안 그 장면을 놓칠까 봐 아까워서 눈도 깜빡이지 않고 그의 작업 과정을 지켜보고 기록하고 싶었다. 어렸을 때 결혼 피로연에 참석했던 일, 즐거움이 충만하게 대청을 가득 메우고 걸려 있던 진홍색 시장이 생각났다. 사람들이 시장을 꽉 채워 걸어 붉은 빛이 가득한 혼사를 보고 싶을 때는 옛날 사진 속에서 찾아야만 하는 날이 언젠가는 올지도 모른다.

since 1922
진위안룽시장 錦源榮喜幛
🏠 台南市中西區西門路二段283 號
☎ 06-2223998, 06-2286640
🕘 09:30~21:00(일요일 휴무)

美豐工業原料行

크기가 4평쯤 되는 가게에 천장까지 빈틈없이 짜넣은 짙은 색 수납장이 세 개의 벽면을 가득 채우고, 수납장 선반마다 하나하나 포장된 병과 깡통들이 가지런히 놓여 있다. 얼핏 보면 전통적인 잡화점처럼 보이지만 이곳에서 파는 것은 과자와 음료가 아닌 각종 공업원료이며 여기가 바로 푸청의 유서 깊은 '메이펑궁예위안랴오항 美豐工業原料行'이다.

메이펑궁예위안랴오항
유행을 타지 않는
생활의 지혜

제1대 사장 허진촨 할머니는 지금 연세가 아흔이지만, 젊었을 때부터 벌써 품위 있는 옷차림에 관심을 가진 자신감 넘치는 신세대 여성이었다. 할머니의 아버지는 일제강점기에 '더리상하오德利商號'라는 공업원료 공급업체를 운영하면서 주로 대량 주문을 취급했다고 한다. 상인의 딸로 자랐기에 장사에 익숙했던 할머니는 1940년대라는 시대 배경에서는 보기 드문, 독자적으로 창업을 한 여성이 되었다.

5층 높이의 건물은 할머니가 당시에 직접 공사 감독을 하며 지었고, 가게 안에 있는 수납장도 직접 목재를 구입하여 목수에게 맡겨 만들었다. 사무용 책상은 남동생의 개업 축하 선물이다. 물품을 아껴 사용하는 그녀는 그 책상 앞에 앉아서 60년을 일하면서 훼손된 부분이 있으면 새로운 것으로 바꾸지 않고 고쳐서 사용했다. 그래서 이 가게의 모습은 마치 50년 전부터 정지된 상태로, 검은 머리에서 흰머리로 바뀌고 자손들이 많아진 할머니만 변한 것 같다.

아직도 정정한 할머니는 매일 아침 일찍, 그리고 오후 낮잠 시간 이후에 가게를 지키며 오랜 세월 이곳에 드나들었던 손님들을 기다린다. 큰손녀 예잉링은 할머니와 함께 살고 있다. 식음료 서비스업에 종사했던 그녀의 얼굴에는 늘 미소가 떠나지 않으며, 음식점 관리 방식으로 이 오래된 가게의 운영을 전산화하고 있다.

지금은 여동생 예이링과 함께 가족의 사업을 돌보며 유쾌하고 예의바른 태도로 친절하게 손님들을 대한다. 인터넷을 통해 서비스를 확대하면서 '메이펑궁예위안랴오항'의 노출과 홍보를 열심히 하고 있다.

"공업원료는 주로 어떤 제품을 파는 건가요?"

문외한인 내가 물었다.

"가정 청결용품, 식품 첨가물, 비누 제작원료 등 다양한 제품을 다 팔아요."라고 두 자매가 웃으면서 대답했다.

인터넷을 통해 주방 및 세탁, 청소 세제로 소문난 베이킹 소다, 구연산은 오랫동안 가게에서 인기를 끌고 있는 상품이다. 가게 규모가 크지 않아서 소매 위주의 판매만 가능한 줄 알았는데 '메이펑'에는 별도의 물류 창고가 있어서 대량 주문도 받을 수 있다고 한다.

제2대인 할머니의 사위 예칭펑을 제외하면 '메이펑'은 여성들이 주도적으로 운영하는 가게라고 말할 수 있다. 잉링이 할머니가 개업했을 때 쓰던 밀봉기를 보여 주었다. 지금도 소량 포장의 경우에는 이 골동품 수준의 기계로 밀봉을 한다. 그녀는 또 다른 이상하게 생긴 기계를 하나 꺼내면서 "옛날 선풍기를 본 적이 있나요?"라고 내게 물었다. 기능이 간단한 염가의 이 선풍기는 할머니가 산 배에서 해체해 온 중고 부품인데 더울 때는 아직도 잘 쓰고 있다고 한다. 이런저런 세부 사항들을 보면 '메이펑'이 옛날 물건들을 소중하게 생각하는 가게라는 걸 알 수 있다. 엄격한 품질관리 원칙을 따르며, 제조업체 및 동종 업계와도 좋은 관계를 유지하고 있으므로 '모범가게상'을 두 차례나 받은 것이 전혀 이상한 일이 아니다.

옛날 밀봉기
아직도 사용할 수 있다.

무게를 재는 것

약을 포장하는 비닐 종이

가게 제품은 옛날 밀봉기로 밀봉하고, 대량 주문 포장에만 현대적인 기계를 사용한다.

문화 즐기기

'중조(중탄산나트륨, 탄산수소나트륨)는 베이킹 소다를 말한다. 대만에서는 보통 샤오쑤다 小蘇打라고 부르는데 '메이펑'에서는 특별히 '중조' 두 글자를 포장에 인쇄했다.

옛날 선풍기

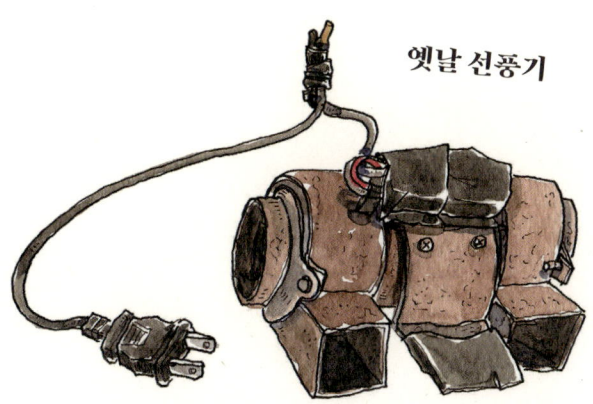

아직도 쓸 수 있다.

since 1953
메이펑궁예위안랴오항 美豐工業原料行
🏠 台南市中西區西門路二段278號
☎ 06-2223758
🕗 08:00~19:00(일요일 휴무)

신메이제 노포 산책 133

숨이 멎을 정도로 예쁜 꽃창살이 가게 안에 걸려 있는 것을 못 보고 지나쳤더라면 이 '옛날 열쇠'를 파는 '진리하오金利號'도 발견하지 못했을 것이다. 가게에 들어가자, 사장이 바닥에 놓인 우유 깡통 두 개를 가리키며 "요즘에는 가끔씩 옛날 열쇠를 찾으러 다니는 젊은이들이 온다."고 말했다. 시선을 아래로 돌리자 녹슨 우유 깡통 안에 든 갖가지 옛날 열쇠들이 보였다. 구리나 쇠로 만든 것, 긴 것과 짧은 것, 큰 것과 작은 것들이 있었는데, 산화 과정을 거쳐 색이 변한 옛날 열쇠들에서는 금속성의 광택이 사라진 대신 세월의 더께가 앉아 어두운 빛깔만 남았다.

진리하오
오래된
물품수리점

3대째 이어온 '진리하오'의 제1대 원퀀썬 사장은 대만의 자이嘉義 출신이며 초등학교를 졸업한 후부터 '수리업'에 종사해 오다가 50여 년 전에야 자물쇠 수리를 서비스에 추가했다. 장남으로 태어나 어렸을 때부터 가업을 잇기로 마음먹고 국립 타이난고등직업학교를 졸업한 제2대 원치위 사장은 18세부터 일을 배우기 시작하여 28세에 사업을 물려받았고 지금까지 36년째 가게에서 수리를 하고 있다. 제3대 원충량 사장도 지금 세대의 다른 젊은이들과는 달리, 어린 나이에 아버지의 뒤를 이어 18세에 이미 가족 사업에 뛰어들었다.

'수리' 분야에 정통한 '진리하오'에서 '열쇠'는 단지 부업에 지나지 않는다. 제2대 원치위 사장은 처음에 융러루에서 가게를 운영했고, 60년 전에 현재의 가게 옆집으로 이사를 와서 가게를 계속하다가 30년 전에 지금의 위치로 이사하여 오늘에 이르렀다. '진리하오'는 시먼루에서 가장 오래된 가게 중의 하나다. 창업 초기에는 가게가 잘돼서 제1대 때에는 4~5명의 견습생을 받기도 했다. 제1대 사장은 기계에 대한 경험을 쌓아 최초의 반자동 전자키를 발명했고 지금도 많이 사용하고 있다. '진리하오'는 아이스크림 스쿠프도 제작하고 있는데, 아주 잘 팔린다고 한다. 당시 타이난에서 유일하게 아이스크림 스쿠프를 파는 가게였기에, 일찍이 타로 빙수를 팔던 노점상들은 모두 '진리하오'

의 고객이었다고 보면 된다. 원 사장은 여러 가지 모양의 아이스크림 스쿠프를 하나하나 내게 보여 주면서 각 아이템들의 역사와 변화, 발전 과정을 이야기해 줬다. 크기에 따라 기능이 다르고, 초기에는 주로 구리로 된 제품에 나무로 손잡이를 만들었는데 지금은 몸체를 전부 스테인리스스틸로 만든다. 낡은 아이스크림 스쿠프를 들여다보고 있으려니 감탄사가 절로 튀어나왔다. 오래전의 디자인이었음에도 디테일이 상당히 정교해서 구시대의 미학이 잘 드러났다. 오늘날의 스테인리스 아이스크림 스쿠프는 대량생산으로 인해 오히려 수작업에서 느낄 수 있었던 섬세한 감각의 아름다움을 잃어버린 것 같다.

가게 안에서 스케치를 하면서 만난 '진리하오'의 손님들은 모두 버리는 게 아까워 고쳐서 다시 쓰기를 원하는 사람들이었다. 스톱워치, 낚시용 얼레, 오래된 오토바이, 방범 셔터 같은 것도 있었고 심지어는 신발에 박힌 못을 빼려는 손님도 있었다! 금속과 관련된 물품이라면 모두 '진리하오'의 취급 품목에 속한다. '수리업'이야말로 사실은 물건을 아껴 쓰려는 마음을 지키는 골키퍼와 같은 존재라는 사실을 나는 비로소 깨달았다.

원퀀썬 사장은 부업인 '열쇠업'이 1980년대에 번창했었다는 이야기로 말문을 열었다. "당시 부동산 거래가 활성화되면서 열쇠에 대한 수요가 덩달아 증가하면서 열쇠를 제작하는 업체들도 경기가 좋았다."는 설명과 함께 "하지만 과학 기술 시대의 도래와 함께 아마도 언젠가는 모든 열쇠가 전자 장치로 완전히 교체되고 열쇠 기술자들은 모두 백수가 될 것"이라는 말도 했다. 게다가 '수리업'은 약 10년 전부터 내리막길을 걷기 시작했으며 "오래된 가게의 기술로는 전자화 시대를 따라갈 수 없다."고 한숨과 함께 자신의 생각을 털어놓았다. 나는 낡고 오래된 열쇠를 몇 개 골라서 손바닥에 올려놓고 바라보았다. 그 열쇠들은 세월의 변화를 만나 고난의 시간을 겪느라 정작 세월의 서랍은 열 수가 없다. 열쇠들을 손에 쥐고 있는 것이 마치 우리의 잃어버린 시간을 움켜쥐고 있는 것 같았다.

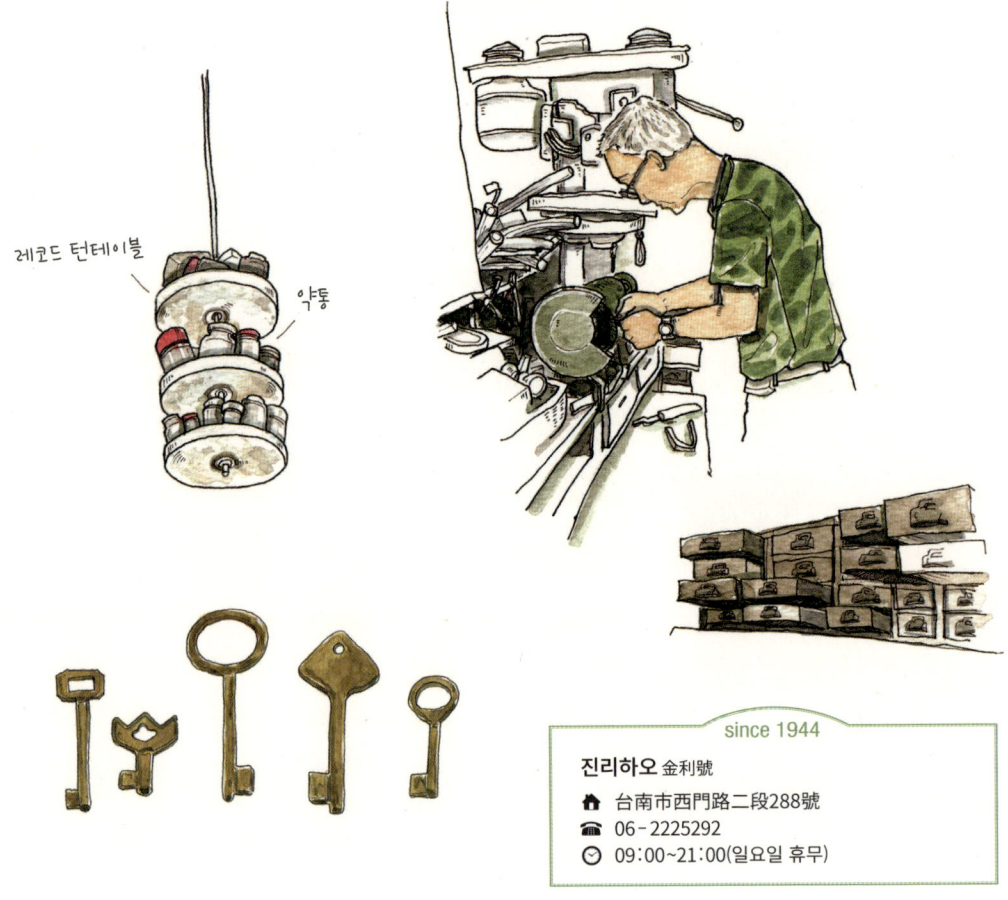

since 1944
진리하오 金利號
🏠 台南市西門路二段288號
📞 06-2225292
🕘 09:00~21:00(일요일 휴무)

먹거리 맛보기

鎮傳四神湯

1968년에 개업한 '전촨쓰선탕鎮傳四神湯'은 원래 우먀오 앞에서 장사를 하다가 융푸로永福路가 확장되면서 제2대 장전쿠이 사장은 가게를 민쭈루로 옮겨 장사를 하고 있는데 지금까지도 매일 손님들의 발길이 끊이지 않는다.

쓰선탕 (35위안)
조상 대대로 전해 내려오는 맛

곱창의 길이를 다른 가게들보다 더 길게 썰고, 흐물흐물해질 정도로 푹 끓여서 좋다. 강추!

미창 (30위안)
묽게 희석한 소스를 끼얹어 주므로 상큼하게 미창의 맛을 즐길 수 있고, 조각조각 잘라 주므로 간식으로 적합하다.

쓰선탕 한 그릇을 만드는 과정은 만만치 않다. '전촨쓰선탕'에서는 한결같이 좋은 맛을 유지하기 위해 하루가 지난 것은 팔지 않는다. 그래서 매일 이른 아침이면 그날 사용할 신선한 재료를 선택해야 한다. 사장 부인은, 곱창은 하룻밤이라도 냉동실에 두면 식감이 많이 떨어진다고 말했다. 그런데 곱창을 손질해서 요리하는 건 아주 힘든 작업이다. 하나하나 속을 뒤집어 가며 씻어 낸 다음, 끓는 물에 데쳐서 한약재와 함께 3시간을 끓여야 한다. 그래서 이곳에서는 정말 그날그날 신선한 재료의 맛을 느낄 수 있다. 식재료의 품질을 중시하는 까닭에 축산시장이 휴장하는 월요일에는 '전촨쓰선탕'도 문을 열지 않는다.

국물 맛을 낼 때 가장 중요한 건 재료의 배합이다. 유백색으로 뽀얗게 끓여 낸 국물을 입에 떠넣자마자 풍미가 아주 그만이다. 이곳에서는 좋은 맛을 내기 위해서라면 재료를 아끼지 않는다. 곱창을 넉넉하게 줄 뿐만 아니라, 식감이 아주 탄력이 있으면서도 질기지 않으며 국물 맛이 좋다. 손님들이 그릇째 벌컥벌컥 들이마실 정도로 중독성이 있는 맛이다. 가게 안을 떠도는 맛난 냄새의 주인공인 미창米腸(순대)은 곱창에 속을 채워 넣고 쪄 내는데 안에는 땅콩도 들어 있다. 주문을 하면 잘게 썰어 주며, 소스에 찍어 먹으면 아주 맛있다. 속이 출출해지는 오후에는 잊지 말고 '전촨'에 와서 쓰선탕 한 그릇을 드셔 보시길!

전촨쓰선탕
조상 대대로 전해 내려오는 보양식

since 1968
전촨쓰선탕 鎮傳四神湯
🏠 台南市中西區民族路二段365號
☎ 06-2209686
🕚 11:30부터 재료 소진 시까지(월요일 휴무)

신메이제 노포 산책 137

振行鞋行

오래전에는 혼사, 상사를 가리지 않고 모두 나막신을 필요로 했다. 딸을 시집 보낼 때 신랑에게 선물로 보내기도 했다. 옛 속담에 "나막신을 신으면 돈을 잘 벌고, 금은보화가 집에 가득하게 된다!"라는 말이 있는데, 신랑신부의 미래에 부귀가 가득하기를 기대하는 의미에서 그렇게 한 것이다. 상사에서 나막신을 사용했던 까닭은 망자가 좋은 가정에 환생하기를 바랐기 때문이었다. 나막신은 또한 '차이지柴屐'라고도 하는데, 나무로 만든 신발이라는 뜻이다. 가공하지 않은 천연 목재로 만든 '나막신'은 두 발을 가장 자연에 가까운 상태로 되돌려 주고, 옛사람들이 즐겨 사용했던 친환경 신발이다.

전싱세항
옛 사람들이 애용했던
친환경 신발 나막신

샤오시먼 로터리 옆에 자리잡은 '전싱셰항 振行鞋行'은 3대째 내려오는 백 년 된 나막신 가게다. 일제강점기에는 로터리 주변에 나막신 가게들이 많이 있었는데 1961년부터 1971년 사이에 플라스틱 슬리퍼가 나오자, '전싱'을 포함한 나막신 가게들의 매상이 바닥을 치기 시작했다. '전싱셰항'의 매출액은 급락하여 50퍼센트 이하로 떨어졌고, 살아남기 위해 다른 종류의 신발들을 가게에서 팔아야 했다. 이런 상황은 타이난 국립성공대학교의 한 교수를 만날 때까지 계속되었다. 그 교수는 '공업시대가 절정에 이르면 반드시 전통적이고도 소박한 문화로 돌아가는 시기가 올 것'이라는 말을 제3대 궈서우싱 사장에게 들려주면서, 나막신만 파는 게 좋을 거라는 조언을 남겼다. 한 가지 상품에 집중하여 나막신만 잘 만들면 된다고 하는 그 말을 궈 사장은 마음에 오래 새겨 두었다. 2010년에 궈 사장과 부인은 여러 차례 고심한 끝에 다른 신발은 팔지 않고, 할아버지 대의 경영방식으로 돌아가 나막신만 판매하기로 결정했다.

한번은 가게를 방문했더니 오래된 나막신 여러 켤레를 수선하고 있던 궈 사장이 미소를 지으며 설명해 주었다. 나막신을 즐겨 신는 손님들이 수선해서 다시 신기를 원한다는 것이다. 이야기를 나누면서 그는 닳아서 훼손된 깔창을 빼서 새로운 것으로 바꾸고, 톱밥으로 나무의 갈라진 틈을 메웠다. 한 단계씩 순서대로 천천히 보수를 해서, 훼손된 신발을 원래의 신발처럼 다시 신을 수 있게 되었다. 요즘 사람들과는 달리 예전에는 쓰던 물건이 망가지면 버리는 게 아니라 대부분 수리해서 다시 사용했다.

그날 오후, 나는 물건을 아끼는 손님과 나막신 수선에 몰두하고 있는 궈 사장으로부터 물건을 아껴 쓰던 옛날의 알뜰한 정신을 배웠다.

궈씨 집안의 선조들은 청나라 때 관직을 사서 대만에 거주하기 시작했고, 1대와 2대는 지방관이었다고 한다. 가족들이 조상으로부터 물려받아 살던 집은 붉은 벽돌로 지은 2백 년도 넘은 집이었다. 궈 사장은 옛일을 회상하면서, 아쉽게도 1993년에 '타이난시 하이안루 지하상가 공사'로 인해 철거되었다는 이야기를 들려주었다. 궈 사장의 할아버지는 궈씨 가문의 제4대로, 지금의 하야시 백화점 근처에 있는 나막신 가게에서 나막신 만드는 법을 배웠다고

나막신

한다. 제6대(나막신 제3대)인 궈 사장은 초등학교 수업이 끝나면 서둘러 집에 돌아가 나막신의 주요 부분을 깎는 일을 거들어야 했다. 그의 훌륭한 솜씨는 선대로부터 전해 내려온 집안 내력이자 어렸을 때부터 배우고 익힌 것이다. 궈 사장은 전에 타이베이에서 일을 했었다. 당시만 해도 여러 회사에서 책임자로 일했으나, 경기 불황으로 몇 년 전에 고향에 돌아와 이 일을 다시 시작했다. 그는 대물림해 온 집안 사업이 자신에게 도움이 되어 너무도 고맙고, 생각지도 못했던 일이라고 말했다. 그를 위한 새로운 사업일 뿐만 아니라 집안의 전통적인 기예도 부흥시킬 수 있었다. 다행히 제7대인 아들도 견습생이 되어 아버지를 따라 배우고 있어 '전

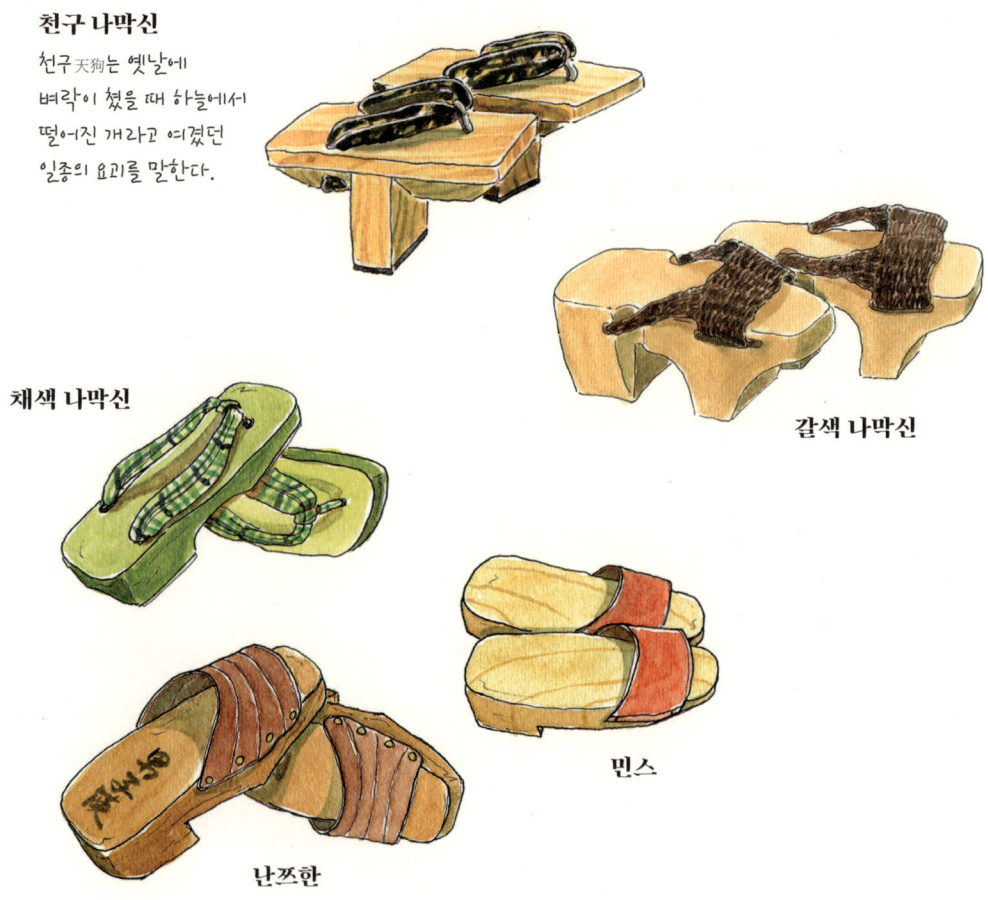

천구 나막신
천구 天狗는 옛날에 벼락이 쳤을 때 하늘에서 떨어진 개라고 여겼던 일종의 요괴를 말한다.

갈색 나막신

채색 나막신

민스

난쯔한

싱셰항'은 새로운 다음 백 년을 향해 나아가고 있다.

현재 '전싱셰항'에는 자체 소유의 나막신 주요 부분 공장이 있는데, 대만에 있는 다섯 개 점포 중 가장 큰 규모이다. 제품도 전국으로 팔고 로터리에 있는 이 가게는 소매를 주로 한다. 여러 해 동안 노력한 끝에 '전싱'의 명성을 되찾아 유명한 관광지인 야오과이춘妖怪村(요괴마을)에서도 주문이 들어오고 의상디자이너 장원츠까지 쇼에 신고 나갈 신발을 주문하고 관광국에서는 백 년 된 나막신 가게에 대한 보도를 많이 내보내고 있다. 백 년 된 가게는 다른 시대와 공간을 헤쳐가고 나막신 산업은 시대에 따라 변화하며 그 매력을 다양하게 보여 준다. 나막신이 내는 딸깍딸깍 소리가 그립다면 '전싱'의 나막신들이 그야말로 옛 모습의 차림새를 다시금 보여 준다.

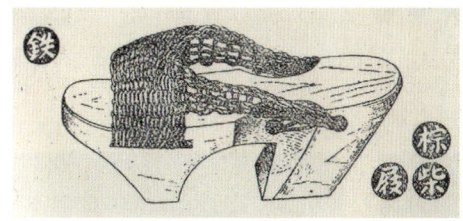

대만에서 태어난 유명한 일본인 화가 다테이시 데쓰오미(1905~1980)의 갈색 나막신 판화작품

플라스틱 슬리퍼의 등장으로 매상에 타격을 받아, 온갖 신발을 다 팔았던 시기의 전싱셰항

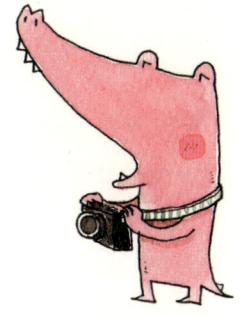

since 1901

전싱셰항 振行鞋行
🏠 台南市西門路二段318號
☎ 06-2250372
🕘 09:00~21:00(월요일 휴무)

金泉成雜糧行

예전에 '진취안청짜량항 金泉成雜糧行' 앞을 지나갈 때는 그저 단순히 전통적인 잡화점이라고만 생각했다. 스케치하러 가게에 간 그날 오후가 되어서야 생각이 완전히 바뀌었다. 가게 뒤편 창고의 목재 문 앞에 앉아 스케치를 하면서 선을 몇 획 그리다가, 사장이 창고 안의 물품을 꺼낼 수 있게 자리에서 일어나 비키곤 했다. 의자가 따뜻해질 겨를조차 없었던 셈이다. 시간의 흐름을 봉인해 둔 것처럼 보이는 '진취안청'의 외관에서는 그 당시 상점가의 소박한 인간미가 엿보였다. 장사가 예전만 못하다는 사장의 탄식에도 불구하고, 그는 손님들을 지극 정성으로 대하고 있었다. 적은 물량을 소매가로 구입하는 손님에서부터 많은 물량을 사 가는 도매 손님에 이르기까지 가게를 드나드는 발길이 끊이지 않는 것을 보면서, 백 년 된 이 가게의 생존 방식을 조금은 알 것 같았다.

진취안청짜량항
세월이 봉인된
오래된 잡화점

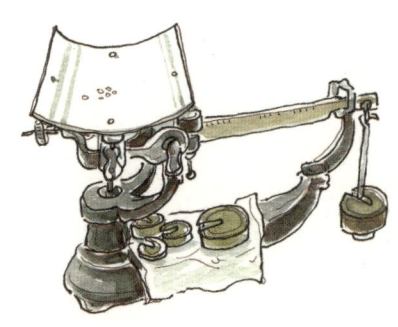

구식 탁상용 저울

잡곡을 사고팔 때 양을 재는 되·홉·작

'진취안청짜량항'은 제1대인 왕후 사장이 창업했다. 개업 초기에는 신메이제에서 종자 도매상을 하다가 민쭈루로 옮긴 후에는 비료와 잡곡을 판매하는 업종으로 바꾸어 제2대째 운영 중이다. 제2대인 왕씨 형제들은 분가하지 않고 아버지가 남긴 이 오래된 가게를 공동으로 경영하고 있다. 5형제 중 막내만 교직에 종사하고, 다른 네 명의 형제가 수십 년의 세월을 함께 하며 '진취안청'을 지켜 온 것이다. 60년 이상의 시간이 지나 큰형은 퇴직하고, 둘째 형은 돌아가셨다.

지금은 82세인 왕시비와 78세의 왕둥린 형제가 경영하면서 매일 업무를 처리하느라 바쁘다. 하지만 두 분 모두 연세가 많아 사람을 구해서 도움을 받아 가게를 꾸려 나가고 있다.

'진취안청'은 1938년에 지은 바로크양식의 2층 건물이다. 운 좋게도 전쟁의 불길은 피했지만 붉은 벽돌로 된 벽에는 아직도 비행기 공습으로 인한 총알의 흔적이 남아 있다. 안타깝게도 집의 뒤채는 화재로 소실되었고, 전후에 복구하면서 당시 방공호 용도로 활용할 수 있도록 법규에 따라 증축한 지하실이 지금은 가게의 창고로 쓰인다. 건물 밖에 걸려 있다가 도난 당한 옛 간판은 몇 년이 지난 후 사장의 친구가 우연히 TV 여행 프로그램을 보다가 신주 베이푸의 어떤 민속 골동품 가게 장면에서 '진취안청金泉成' 간판이 스쳐 지나가는 것을 발견해 사장에게 알려줘서 가게를 대표하는 오래된 간판을 되찾는 행운을 안았다.

왕 사장이 가게 문 앞에 있는 커다란 저울을 가리키며, 평둥屛東의 제당 공장에서 사들인 저울인데 일본에서 수입한 지 무려 50년이 넘었지만, 물건이 튼튼해서 오래 쓸 수 있으며 3백 근(180킬로그램) 이내의 물품 무게를 잴 수 있다고 한다. 내가 재미 삼아 그 오래된 저울에 올라가 봤는데 아주 정확했다!

왕 사장은 오래된 기계지만 설계가 정교해서 세월이 지나면서 아주 낡았어도 성능이 여전히 뛰어나다고 말했다. 그런데 치러우 옆에 있는 50년 넘은 후지 상표(FUJI Brand)의 자전거에는 그런 행운이 따라 주지 않았다. 이제는 앤티크 자전거 열성팬의 보물이 된 자전거는 예전에 '진취안청'의 물건들을 배달하는 운송 수단이었다. 일찍이 한 대를 도난당했고, 다른 한 대의 자전거 번호판도 누가 훔쳐 가 버렸다고 하니 너무도 아쉽게 느껴진다. 또 골동품급으로 잡곡을 사고팔 때 사용하는 계량용기가 있는데 금속, 대나무, 목재의 세 가지 재질로 만든 6개의 용기(목재 4, 대나무 1, 금속 1)가 세트를 이룬다. 각 용기에는 '곡류용'이라는 글자를 새겨 넣었고, 한 층 한 층 쌓아 올려 수납할 수 있는데, 아주 잘 아는 사이가 아니면 사장이 쉽게 보여 주지 않는 물건이다.

가게의 내부 장식이나 물건 진열 방식은 수십 년 동안 변하지 않고 예전의 모습 그대로라고 했다. 그래서인지 가게 안에 있으면 마치 흑백영화 시대로 돌아간 듯하다. 반세기도 넘은 오래된 저울, 백 년 된 계량용기, 반들반들 닳아서 매끈해진 오래된 나무 탁자, 의자로 쓰고 있는 수납 겸용의 나무 궤짝, 삐걱거리는 소리가 나는 낡은 문, 구식의 탁상용 저울, 계산할 때 쓰는 오래된 주판 등, 빛바랜 다갈색의 이 옛 물건들에는 오래된 가게가 소중하게 여기는 세월의 아름다움이 배어 있다.

먹거리 맛보기

since 1908
진취안청짜량항 金泉成雜糧行
🏠 台南市中西區民族路二段284號
☎ 06-2222093
🕗 08:30~18:00(일요일 휴무)

米街金香紙店

1850년에 창업한 '미제진샹즈뎬米街金香紙店'은 '차이리財利', '진리錦利'로 부터 시작해 '미제米街'까지 세 가지 이름으로 160년을 이어 왔다. 대만에 상점가가 형성되던 초기에는 운영 방식이 아주 단순했다. 쌀 가게에서는 쌀만 팔고, 향 가게에서는 향만 팔았다. 물론 '미제진샹즈뎬'에서도 처음에는 금종이만 팔다가 나중에 향과 초, 폭죽과 불꽃놀이용품 등을 팔게 되었다.

미제진샹즈뎬
종교계의 만물상,
백화점식 도매시장

풍속 배우기

전통적인 업종도 시대의 변화에 발맞춰 따라가야 하므로 젊은 세대인 황친창 사장은 진즈金紙가게의 운영방식에서 벗어나 창고 구획을 새롭게 했다. 환한 개가식 공간으로 변경하고 상품을 진열해서 금종이 가게에 대한 사람들의 고정관념을 바꾸고 가격도 공개하여 손님들이 편리하고 쉽게 선택구매할 수 있게 만들었다. 40여 년 전만 해도 이곳은 자이현 산간 지구에서 금종이를 구매한 다음 가공을 해야 팔 수 있었다. 황 사장은 가게를 물려받은 후 경영방침을 바꾸어 중국과 베트남에 가서 금종이를 주문하고 대만에서 배송받아 판매했다. 전통적인 제조업체에서 서서히 대리점으로 전환하면서, 종교와 민속신앙생활에 필요한 제품들을 많이 수입했다. 그리하여 이 백 년 가게를 종교백화점식 도매시장으로 탈바꿈시켜, 손님들

신메이제 노포 산책 147

이 한자리에서 필요한 상품들을 모두 구입할 수 있게 했다. 몇 년 전에는 타이난시의 편의점과 합작하여 편의점에서 전통적인 쭈바이진즈 足百金紙(종이돈)를 팔았다.

백 년 전의 '미제진샹즈뎬'은 금종이를 제조하는 가게였다. 가게에 가면 아직도 반세기 전의 금종이 제작 도구를 볼 수 있다. 황 사장이 유리로 된 장을 밀어 열자 작은 언덕을 이루며 쌓인 목조인쇄판들이 눈에 들어왔다.

금종이를 만들 때 사용하는 종이 자르는 기구와 구멍을 뚫는 도구도 있었다. 가장 특별한 것은 진흙으로 만든 관음상과 투디공土地公상으로, 뒷면에 '미제가 만들었다'는 글자가 새겨져 있다. 1949년 국민당 정부가 대만으로 옮겨 온 이후 미제는 신메이제로 이름이 바뀌었다. '메이美(아름다울 미)'자의 민난어 발음이 '미米(쌀 미)'자와 비슷한 데다, 당시에는 이 두 글자를 지역명으로 쓰면 안 된다는 규칙이 있었기 때문이다. 그래서 미제는 신메이제가 되었지만, 구세대의 나이 든 사람들이 말할 때는 오랫동안 입에 익은 익숙한 이름을 바꾸지 못해 여전히 '신메이제'를 '미제'로 부른다. 여기에서 '미제진즈뎬'이라는 가게 이름이 유래했고, '미제'라고 표기한 역사적인 물품들은 후대에 옛 시대의 소중한 기억을 지닌 것이므로 특별히 소중히 여긴다.

황 사장은 집안의 둘째로, 형제 두 명이 모두 미국에 있어서 푸청에 혼자 남은 그가 백 년의 가업을 잇게 되었다. 그는 전통적인 산업을 혁신적인 방식으로 바꾸어 기존의 오래된 업종도 시대의 변화를 따라잡기를 바라고 있다. 난 그에게 다음 세대가 이 일을 이어받을 생각이 있는지 궁금해서 물어보았다. 황 사장은 미소를 짓더니, 뒤쪽에 있는 사진을 가리키면서 세 살짜리 아이가 어른이 되어야 알 수 있을 것 같다고 대답했다. 사진 속의 두 귀여운 혼혈 남자 아이를 보고, 좀 더 시간이 흐른 후에 다시 가게를 방문하면, 유럽-아메리카적인 외모의 사장이 손님들에게 금종이를 파는 모습을 보게 될지도 모르겠다는 상상을 했다. 그렇게 되면 무척 재미있을 것 같다. 그때가 되면 이 전통적인 산업이 혹시 글로벌 산업으로 성큼 다가가 있을지도 모르겠다.

since 1850
미제진샹즈뎬 米街金香紙店
🏠 台南市中西區新美街147號
☎ 06-2112260
🕘 09:00~21:00(일요일 휴무)

개업한 지 얼마 안 됐을 때는 하루에 오리 4마리밖에 못 팔았던 '둥차오야러우겅東巧鴨肉羹'은 사장이 오랜 시간 경영에 심혈을 기울여서, 이제는 매일 최소한 40마리의 특상품 오리를 준비해야 한다. 가격은 처음에 한 그릇에 5위안이었으나 지금은 50위안이다. 물가를 반영해서 수시로 가격이 올라 10배가 되었지만 매혹적인 오리고기의 맛은 여전히 입을 향기롭게 한다.

미셰 (선지떡) 25위안

야러우겅몐

둥차오야러우판은 작은 그릇에 오리고기도 몇 점 되지 않고 좀 비싸지만 정말 맛있다!

'둥차오야러우겅'의 원래 이름은 '칭전야러우겅淸珍鴨肉羹'이었다. 사장 부부의 이혼으로 분가를 하면서 '칭전淸珍'이라는 이름은 남편인 천 사장이 사용하기로 하고 진화루로 옮겨 갔다. 우먀오의 옛 가게는 아내인 지차이충 사장이 '둥차오東巧'로 이름을 바꾸어 운영하고 있다. 지 사장은 원래 의류산업에 종사하다가 독특한 맛의 오리고기탕을 개발하게 되어 1976년에 민쭈루와 중이루 사거리에서 장사를 시작해서 나중에 신메이제로 옮겼다가 지금의 가게에 자리를 잡았다고 한다. 아들이 가게를 물려받아 이 좋은 맛을 이어 가기로 결정했다는 이야기를 들려주면서 지 사장은 매우 만족스러워했다.

'둥차오야러우겅'은 전분을 풀어 넣어 걸쭉하게 끓이며, 그날 잡은 오리고기를 사용해서 고기를 씹는 맛이 쫄깃하다. 국물에 무를 넣고 푹 끓이면 달고도 개운한 맛이 나며, 오리고기의 질긴 육질을 개선할 수 있고 비린내도 잡을 수 있다. 오리고기를 얇게 썰어 채 썬 생강과 식초를 뿌려 먹으면 부드럽다. 새콤달콤한 야러우겅은 식재료의 고유한 맛으로 손님을 불러들인다.

東巧鴨肉羹

둥차오야러우겅
전통이 있는
오리고기 국수

since 1976
둥차오야러우겅 東巧鴨肉羹
🏠 台南市中西區永福路二段194號
☎ 06-2286611
🕐 11:00~19:00

먹거리 맛보기

신메이제 노포 산책 **149**

왕취안잉즈좡
백만 개의
차오런을 파는
오래된 종이 가게

가게에 들어갔을 때, 사장 부인이 차오런草人(볏짚으로 만드는 인형)을 만들고 있었다. 그녀는 한쪽 끝을 빨강 고무줄로 묶은 볏짚을 4등분으로 나눠 빨강 테이프로 고정한 다음, 가위로 볏짚을 다듬어 종이로 만든 머리를 풀칠해서 단단하게 붙이고, 마지막으로 몸체 부분을 부적으로 감싸서 완성했다. 제3대 전승자인 왕창춘의 말에 따르면 운을 바꾸고 악마를 쫓아내는 '차오런'은 사람을 구할 수도 있고 해칠 수도 있다고 한다. 법사法事에서는 통상적으로 '차오런'을 '대리인, 대역'으로 해서 수명을 연장하거나 운을 바꾸려는 용도로 사용하는데, 만약 주술로 사람을 해치는 일에 쓰는 건 크게 잘못된 일이라고 말했다. 사장이 만들었던 것 중에 가장 큰 차오런은 높이가 3척尺(1척은 약 33센티미터)이었고, 가장 작은 것으로는 10센티미터짜리 차오런도 만들어 봤는데, 이것들은 모두 법사에서 많은 사람을 돕는 일에 쓰였다. 종이 가게에서 파는 상품들은 모두 독특한 것들이어서, 한번은 외국인 관광객이 와서 운을 바꿀 수 있으며 흉액을 막아 주는 '번밍本命(태어난 해의 간지. 사람의 형태도 있고 12간지의 동물 형태도 있으며, 운을 바꾸는 데 사용한다)'을 신기하게 여겨, 이를 구입해서 엽서 삼아 부쳤다는 재미있는 에피소드도 있었다.

'왕취안잉즈좡王泉盈紙莊'은 푸청의 백 년 가게로, 가게 이름의 '왕王'은 성씨에서, '취안泉'은 취안저우泉州에서 유래했으며, '잉盈'은 충만함, 그득함을 뜻한다. 이 작은 종이 가게는 신메이제에서는 별로 눈에 띄지 않지만 디스커버리의 유명한 프로그램인 〈Fun Taiwan〉이나, 일본에 거주하는 대만 출신의 유명한 연예인 주디옹이 방송국 팀과 함께 취재를 온 적이 있었다. 제2대째에 부실 경영으로 가게가 잘 안 돼서 몰락했기 때문에 집안의 아홉 번째였던 왕창춘 씨가 물려받았다. 왕 사장은 애초에 이 가게를 운영할 생각이 없었는데 어머니가 돌아가신 후에야 조상 대대로 이어 온 사업을 물려받기로 결정했다. 왕 사장은 먀오위문화에 있어서는 걸어 다니는 사전이나 마찬가지여서 관혼상제나 종교제전 등에 관해 질문을 받으면 무엇이든 상세히 답할 수 있다. 집안 사업을 일으킨 것 외에 이장도 겸하고 있으며, 신메이제의 역사적 발전의 맥락에 대해서도 아주 잘 알고 있다.

풍속 배우기

黃秀貞

신메이제 노포 산책

차오런 만드는 순서

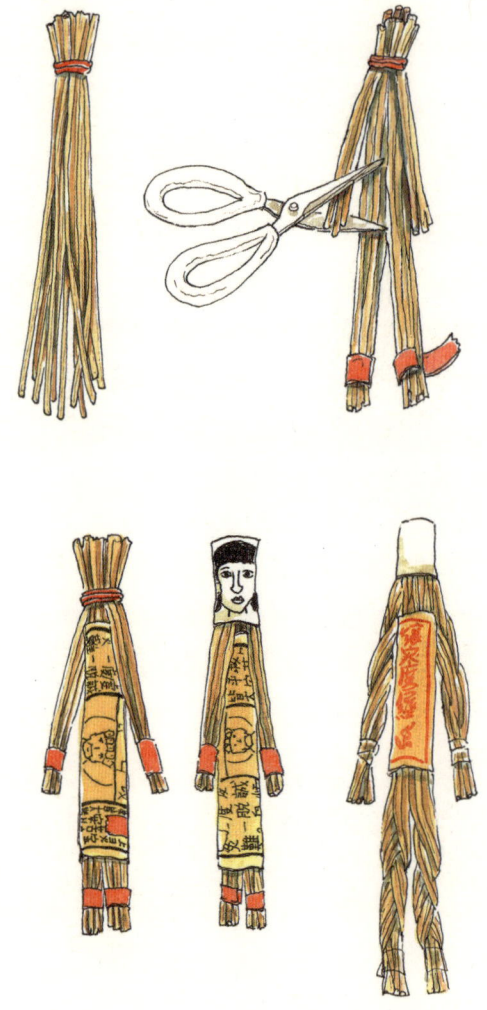

대형 차오런은 장수를 기원하고
수명 연장을 위한 대리인으로 사용할 수 있다.

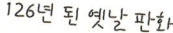
126년 된 옛날 판화

'왕취안잉즈좡'의 옛 인장

사람 인형과 12지신 동물들의 변밍은 운을 바꾸는 데 사용한다.

청나라 때 푸젠성 취안저우에서 시작한 '왕위안순형제회사王源順兄弟公司'는 부유한 가문으로, 후손이 많아 나중에 재산 분쟁이 일어날까 우려하여 1888년에 왕찬루이와 왕녠 두 사람을 대만으로 보내 분가를 시켰다. 두 사람은 당시 푸청의 번화한 거리 미제에서 '왕취안잉즈좡'을 차리고, 중국에서 인쇄소를 운영했던 경험을 살려 목판 조각을 탁본하는 판화 기술을 대만으로 도입했다. 왕씨 가문의 부는 쇠를 다루는 대장간과 견줄 만했다. 안타깝게도 인쇄산업이 번성하면서, 창고를 가득 채웠던 목판화들은 땔감으로 태우거나 장작으로 팔고, 오늘날 소량 남아 있는 귀중한 목판 조각판들은 당시의 영광을 떠올리게 한다. 다행히도 가게에 종교의식에 필요한 용품들을 고루 갖추고 있어 전국의 많은 먀오위들이 아직까지도 주문을 하고 있다. 왕 사장은 매년 차오런만 해도 백만 개를 팔 수 있다고 자랑스럽게 말했다.

하지만 왕 사장은 사회 분위기와 환경의 변화로 인해 오래된 가게들이 어쩔 수 없이 현실 앞에 머리를 숙여야 한다는 사실을 개탄스러워했다. 다행스럽게도 큰딸이 회사에 다니면서 퇴근 후, 혹은 쉬는 날에 가게 일을 도우며 가업을 물려받을 준비를 하고 있으므로, 백 년 가게는 계속 이어질 것이며, 푸청에 멋진 이야기를 써서 오래오래 남길 수 있게 되었다.

---

since 1888

왕취안잉즈좡 王泉盈紙莊
🏠 台南市中西區新美街198 號
☎ 06-2276839
🕗 08:00~21:00(연중 무휴)

信裕軒

신위쉬안
풍미 가득한
차와 과자

가게에 들어서자마자 진열대에 놓인 각양각색의 과자에서 눈을 뗄 수 없었다. 우리가 어린 시절에 가장 좋아했던 간식이었으니까. '신위쉬안信裕軒'은 전통적으로 달콤했던 맛을 개선하고 더 세련되고 새롭게 포장하여 손님들의 구미에 맞는 인기 상품을 만들고 있다. 유과, 땅콩, 아몬드, 참깨, 호박씨 등을 작고 둥글게 만들고 손쉽게 먹을 수 있도록 낱개 포장으로도 만들어 손님들을 끌고, 차와 함께 먹는 풍미 가득한 푸청의 인기 과자가 되었다.

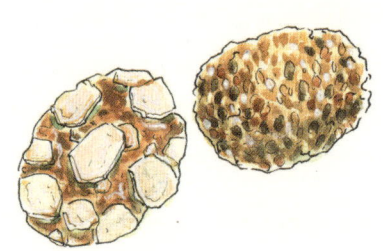
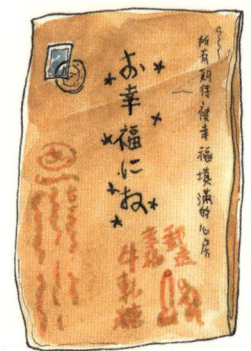

백 년을 이어온 '신위쉬안'은 린진전 사장이 일제강점기에 개업했다.

'라오신위빙푸老信裕餅舖'는 명성이 높아서 총독부(지금의 총통부. 타이베이에 있음)를 설계한 유명 건축가 모리야마 마쓰노스케가 찾아오기도 했다. 전쟁으로 물자가 부족해서 전쟁이 끝난 후에야 다시 영업을 재개하였고, 제2대는 정식으로 '신위스핀상항信裕食品商行'이라는 상호로 등록을 하고 수작업으로 만든 제품들을 잡화점이나 전통시장에 판매했다.

제4대 린징야오 사장은 1998년에 가게 이름을 '신위쉬안'으로 바꾸면서 이 오래된 가게를 새롭게 바꾸고 싶어 했다. 수작업으로 과자를 만드는 전통 방식을 유지하면서도 젊은 스타일로 겉옷을 갈아입고, 대만의 이미지를 강하게 어필할 수 있는 일련의 패키지 상품을 개발하여 낡고 오래된 느낌이 드는 가게의 이미지를 새로 만들고 젊은 층을 겨냥한 시장을 개발하고 있다.

푸청에서 백 년의 세월을 보내고 성공적으로 변신한 '신위쉬안'은 오래된 가게의 새로운 모습을 보여 주며 '대만스러움'이 뚝뚝 묻어나는 하카Hakka의 꽃무늬 천으로, 트렌디하고 스타일리시한 선물세트를 만든다.

전통적인 제과공장을 수작업으로 과자를 만드는 참신한 가게로 변신시킨 린 사장의 노력으로, '신위쉬안'은 이제 타이난에 가면 반드시 구입해야 하는 '로컬 기념품'의 하나로 자리를 잡았다.

'진더춘차쟝'의 수공 베이차를 구입하면 '신위쉬안'의 과자도 잊지 말고 사야 한다. 차와 함께 먹으면 정말 맛있다.

푸청 백 년의 차와 과자를 맛보면, 마치 옛날 푸청 사람들의 품격 있는 생활 미학도 느낄 수 있을 것 같다.

1912~25년

신위쉬안 信裕軒
🏠 台南市中西區民族路二段389 號
☎ 06-2285606
🕐 10:00~22:00

石精臼牛肉湯

"타이난 사람들은 아침마다 우육탕을 먹는다며?"라고 대만의 다른 지역에 사는 친구가 내게 물었다. 나는 나대로 왜 이렇게 푸짐하고 따끈한 우육탕을 아침 식사로 먹어 본 적이 없는지 답답해서 묻고 싶어진다. 소고기는 영양가가 높고 몸에 좋은 식품이다. 그래서인지 옛 타이난 사람들은 일하러 가기 전에 먼저 우육탕 한 그릇을 먹고 원기를 보충하고 체력을 유지했다고 한다. 오래된 가게들을 취재하면서 나도 우육탕을 아침 식사로 처음 먹어 봤다. 외지인들의 눈에 비친 '타이난식 아침 식사'를 먹는 경험을 해 본 것이다.

스징주뉴러우탕
활력이 넘치는
타이난식 아침 식사

楊麗珠
玉石山

우육탕

흰쌀밥

러우짜오판은
오랜 시간 끓여 걸쭉하게 만든
러우짜오를 밥 위에 얹어 내는
일종의 덮밥이다.

가게의 현금출납기로
사용하는 백 년 된 보물단지.
원래는 사장의 아버지가
쫑쯔를 팔 때
소스를 담는 오래된
옹기였다.

일찍이 광안궁먀오청 앞의 광장은 전통적인 샤오츠 노점들이 모인 지역으로, 모두 스징주石精臼(지역명, '돌절구'라는 뜻)를 가게 이름에 넣어 사용하다가, 나중에 민촨루 야시장이 철거된 후 샤오츠 노점상들은 각지로 흩어지게 된다. 그래서 상호에 스징주라는 이름이 붙은 가게라면 적어도 30년 이상의 역사를 간직하고 있다. '스징주뉴러우탕石精臼牛肉湯'은 1976년에 창업한 타이난의 오래된 우육탕 가게 중의 하나로, 왕스산 사장이 가업인 쭝쯔 가게를 잇지 않고 '스징주'에서 우육탕을 팔기 시작한 지 40년이 넘었다.

'스징주뉴러우탕'에서는 신선한 생 소고기를 얇게 썰어 한 그릇씩 담아 얼음을 채운 아이스박스에 늘어놓고, 손님이 주문하면 바로 소고기를 대바구니에 넣어 육수에 데친 후 다시 그릇에 넣는다. 그다음에 그릇에 담긴 소고기에 특제 육수를 붓고 반숙이 될 때까지 살짝 익힌다. 이렇게 하면 부드러운 식감과 감칠맛을 유지할 수 있을 뿐만 아니라, 소고기에 남아 있던 약간의 피가 육수에 녹아들어 걸쭉해지면서 국물에 붉은 색이 도는 신선한 우육탕을 상에 올릴 수 있다.

'스징주뉴러우탕'의 메뉴는 아주 간단해서, 개업 이후 지금까지 주로 우육탕, 밥과 러우짜오판肉燥飯의 세 가지를 팔고 있다. 제2대 왕위룽 사장은 10년 전부터 아버지의 우육탕 장사를 돕기 시작했다. 가게 운영은 2단계로 나눠서 한다. 제1대인 아버지가 새벽부터 나와서 팔기 시작하고, 제2대인 아들은 오후 5시부터 재료가 소진될 때까지 일한다. 부자간임에도 불구하고 아버지와 아들의 고기는 다른 시장에서 나온다. 물론 두 사람 모두 백 퍼센트 신선한 소고기를 사용한다. 소내장을 좋아하는 사람이라면 아침 7시부터 8시까지가 해당 식재료가 가장 잘 갖춰진 시간이므로 그때는 곧바로 종합 우육탕을 시키는 게 탁월한 선택이 된다. 저녁 시간의 옵션은 소고기! 소의 갈비나 부드러운 뱃살이 야식으로 먹기에 딱 좋다. 주문하고 자리에 앉으면 3분 만에 우육탕이 나오는데, 탕과 함께 채 썬 생강이 들어간 소스도 곁들여 나온다. 먼저 소고기 자체의 풍미를 즐기고 나서 그다음에 생강 소스에 적셔 먹는 것을 추천한다. 생강이 소고기를 더욱 감칠맛 나게 해 준다.

---

since 1976
스징주뉴러우탕 石精臼牛肉湯
🏠 台南市民族路二段246 號
☎ 06-2232266
🕐 새벽 01:30부터 재료 소진 시까지,
　오후 17:00부터 재료 소진 시까지
　(월요일 밤부터 화요일 새벽까지 휴무)

건축의 변천사를 보여 주는 방어 요새 _츠칸러우

수백 년 역사를 지닌 국가 지정 고적 츠칸러우赤崁樓는 푸청에서 매우 중요한 지위를 차지하고 있다. 네덜란드 통치시대인 1653년에 방어능력과 행정기능을 갖춘 푸뤄민저청普羅民遮城(프로방시아 요새)을 세웠다. 한인漢人은 '츠칸러우赤崁樓(적감루)', '홍마오러우紅毛樓(당시 네덜란드에서 온 사람들 중에 빨간 머리인 사람들이 있어서 그들이 살았던 곳이라는 의미로 이렇게 부르기도 한다)' 혹은 '판짜이러우番仔樓(외국에서 온 사람을 낮춰 부르는 말)'라고 부른다. 정씨왕국 시기에 네덜란드 사람을 몰아내고 푸뤄민저청을 청톈푸즈承天府治로 바꿨으나, 일제강점기에는 육군병원으로 개조되었다. 1922년에 일본 사람들이 다스뎬大士殿을 철거하고 재정비할 때 옛 보堡와 네덜란드 포대 등의 유적을 발견했고, 전쟁 이후에 타이난시립역사박물관으로 거듭났다. 1965년에 보수공사를 하면서 원래의 목조구조를 철근 콘크리트로 바꾸었다. 민가에 인접해 있던 츠칸제赤崁街의 출입구는 제2차 세계대전 당시 공습 예방 차원에서 총독부의 명을 따라 민가를 철거하고 출입구는 현주소로 옮겼다. 1974년에 지금의 모습으로 완공되었다.

츠칸러우는 대만에 처음으로 세워진 네덜란드식 방어 요새였는데 점차 중국식 건축 양식으로 변모하고 있어, 각 시대의 변화 과정을 지켜본 이곳 사람들에게 대만 건축의 변천사를 보여 준다.

원창거文昌閣 앞에는 청나라 황제가 하사한 9개의 어비御碑가 있는데 1788년에 푸캉안福康安(1754~1796, 건륭제로부터 가장 신임을 받았던 신하)이 린쌍원林爽文(1756~1788, 원적은 중국 푸젠성이며 1773년 아버지와 함께 대만 창화현에 정착한 농민. 천지회의 난을 일으켰으나 청나라 군대에 패해 베이징으로 압송되어 처형됨)을 평정하자, 이에 대한 포상으로 하사한 공적비이다. 재질은 화강석이고 돌거북처럼 생긴 비시贔屭(전설에 따르면 비시는 용이 낳은 아홉 자식 중의 하나로, 무거운 것을 업기 좋아하여 거북이의 모양으로 변했다고 하며, 비석의 대좌에 많이 조각되어 있다)의 등에 이러한 내용이 새겨져 있다. 펑후수위안蓬壺書院의 문은 현재의 서원 건축물 중에서 비교적 청나라 시기의 건축 양식을 잘 보존하고 있다. 그리고 푸청에 남은 서원 두 곳 중의 하나로, 시간을 들여 둘러볼 만한 가치가 있다. 츠칸러우에는 오래된 돌로 만든 우물이 있는데, 전해지는 말에 의하면 이 우물을 경유하는 지하통로를 통해 안핑구바오

安平古堡까지 갈 수 있다고 한다. 이 지역에는 성城과 옛 우물, 비밀 통로에 대한 허다한 소문들이 오랫동안 전해 내려왔으며, 그로 인해 츠칸러우에도 사람들의 관심을 끌어당기는 흥미진진한 상상이 더해지고 있다.

 츠칸러우를 포함해 타이난에 있는 몇몇 고적지에서 휴일 야간 음악회를 계획하고 있다. 이곳 사람들 그리고 각지에서 온 관광객들 모두가 푸청의 고적에 깃든 아름다움을 느끼고,

푸청에 놀러 와서 옛 유적에 담긴 이야기와 함께 귓가를 맴도는 음악을 만끽할 수 있는 밤도 즐길 수 있다.

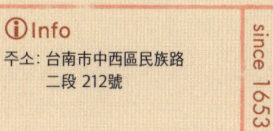

ⓘ Info
주소: 台南市中西區民族路
　　　二段 212號

since 1653

義豐冬瓜茶

우먀오의 붉은 담장 맞은편에 자리잡은 '이펑둥과차義豐冬瓜茶'는 수작업으로 둥과탕冬瓜糖(채 썬 과육에 설탕을 넣고 졸인 후 말린 것)을 만드는 백 년 가게이다. '이펑'은 1912년에 창업했다. 제3대 린 쑹산 할아버지는 이 가게의 보물과도 같은 존재이다. 2012년에 린 할아버지를 방문했을 때 92세의 고령임에도 불구하고 여전히 가게에 앉아 손님들을 응대하고 있었고, 린 할머니는 옆에서 둥과루冬瓜露 포장에 집중하고 있었다. 하지만 지금은 두 분 모두 건강이 예전 같지 않아 가게에서 만나기가 쉽지 않다.

이펑둥과차
전통 방식으로
둥과차를 만드는
유일한 백 년 가게

둥과 껍질을 깎는다.

둥과를 잘게 썬다.

먹거리 맛보기

동과를 포장한다.

林荿玉菜

동과루를 봉지에 담는다.
600그램에 65위안 (약 세 조각)
5근에 300위안

신메이제 노포 산책 161

운이 좋으면 가게의
보물같은 존재인 92세의
린쑹산 할아버지를
만날 수도 있다.

옛날 방식으로, 매일 정해진 양만 만들어 팔기 때문에
늦게 오면 이곳의 맛있는 둥과루를 구입할 수 없다.

'이평둥과차'의 제1대 린황위 사장은 1912년부터 쓰뎬우먀오 앞에서 장사를 시작하여, 수작업으로 둥과루冬瓜露(착즙한 둥과즙을 설탕과 함께 졸여 둥과청을 만들어 얼린 후 사각형으로 자른 것), 둥과빙탕冬瓜冰糖, 둥과탕冬瓜糖(잘게 썬 둥과에 설탕을 넣고 졸인 것) 등의 전통 간식을 만들어 팔았다. 린 할아버지는 14살부터 견습생이 되었는데, 태평양전쟁이 발발하자 군대에 끌려

가는 것을 피하려고 일본으로 명목상의 유학을 떠났다. 일본에서는 화물선에 승선하여 일을 하다가 미군에게 배가 격침되는 바람에 대만으로 돌아와 소방차를 운전하기도 했다. 하지만 대변혁의 시대였던 당시에는 자신의 의지대로 되는 일이 없었다. 그 때문에 기복이 심한 인생을 살던 린 할아버지는 몇 차례나 직업을 바꾸던 끝에 조상 대대로 내려온 가업을 이어 가겠다는 결정을 내리게 된다. 그리고 눈 깜짝할 사이에 세월이 흘러 둥과탕을 끓인 지 60년이 넘었고, 80세 고령이 되어서야 일선에서 물러났다. 70년대는 '이펑'의 전성시대였다. 그 당시 푸청에는 전통적인 방식으로 둥과루를 만드는 가게가 10여 곳이 있었으나, 안타깝게도 80년대 이후 점점 자취를 감추고 이제는 이펑 하나만 버티고 있다.

둥과루를 만드는 과정은 아주 복잡하다. 동과를 골라 조각으로 잘게 썬 다음, 우선 식용 생석회에 담가 살균한 후에 씻어서 큰 통에 넣어 끓인다. 냉수에 세 차례 담갔다가 다시 큰 통에 넣고 천천히 끓인다. 사람이 지켜 서서 손으로 저어 가며 여러 시간 끓여야 하고, 완성되기까지 3일이 걸린다. 린 할아버지는 기계로는 이 전통적인 맛을 모방할 수 없으며, 경험으로 터득한 솜씨도 따라잡을 수 없다고 생각하기 때문에 제5대 린천이 사장은 여전히 옛날 방식으로 둥과탕을 만든다. 세심하게 화력을 조절하면서 둥과의 향기를 살려야 깊고 달콤한 둥과탕을 만들 수 있다! 수작업으로 제조하므로 생산량이 상당히 제한되기 때문에 옛날 방식으로 만드는 둥과차가 더욱 귀하게 보인다. 전통적인 방법을 고집하는 꾸준함이 '이펑'의 둥과차를 대대로 이어갈 수 있게 해준다.

끓인 둥과차를 마시면 아주 달고 향기롭다. 아침이건 저녁이건 관계없이 이 시원한 맛이 만족감을 준다! 린 할아버지의 친척이 운영하고 있는 '이펑둥과차' 외에 나중에 막내아들이 고향에 돌아와 이 오래된 가게의 명성에 힘입어 '이펑아찬둥과차 義豐阿川冬瓜茶'를 운영하고 있으며, 그 맛은 당연히 집안에 전해 내려오는 둥과루 제작 방식을 따라 만든다. 만약 '이펑둥과차'에 갔다가 한정 판매로 제한된 생산량 때문에 둥과루를 사지 못하면 '이펑아찬둥과차'에 가면 된다. 그곳에서 파는 둥과차도 전통의 맛을 지니고 있다.

since 1912
이펑둥과차 義豐冬瓜茶
🏠 台南市中西區永福路二段212 號
☎ 06-2223779
🕘 09：00~22：00(연중 무휴)

榮記號糕粉廠

성격이 시원시원한 사장부인과 딸은 틈틈이 가게 일을 보면서 내게 이런저런 이야기를 해 주었다. 가게에서 만드는 훙위안紅圓, 펑펜가오鳳片糕(찹쌀로 만든 전통 떡)를 꺼내와 스스럼없이 함께 먹기를 권하는 살가운 태도가 아주 편안하게 느껴졌다. 이곳에서 오랫동안 근무한 직원 천메이화도 입담이 좋아서 녹두가루를 체로 치며 나와 수다를 떨었다. 녹두가루가 온 가게에 날리며 그녀의 온몸과 머리카락에까지 내려앉았다. 그녀는 체질이 끝난 녹두가루를 30킬로그램 단위로 포장을 해서는, 전혀 힘든 내색을 하지 않고 한 포대씩 옮기고 있었다. 무겁지 않은가 물어봤더니 익숙해져서 괜찮다고 대답했다.

룽지하오가오펀창
새해 첫날에 먹는
전통의 맛

재료를 기다리다 짐을 옮기다 가게에서 자게 되어도 좋다. 밤새도록 불을 지피면서 다급한 마음으로 쌀을 말린다. 오래된 룽지는 이미 4대로 전승했다. 룽지의 전승은 이런 부지런함 덕이다.

'룽지하오가오펀창榮記號糕粉廠' 건물은 1951년에 지은 오래된 집으로, 연푸른 색으로 칠해진 편백나무 문을 열면 하나에 30킬로그램짜리 포대들이 하얀 요새처럼 쌓여 있다. '룽지'는 원래 맞은편의 우먀오 옆 골목에 있다가 두 번의 도로 확장 공사로 인해 지금의 자리로 옮겨 오면서 가게 면적이 줄어들었다.

먹거리 맛보기

룽지가오펜

나무문 안에는 옛날의 시간에 멈춰 있다.
나무문 밖으로 지나가던 관광객들이 그 고요함을 깨뜨리면
그때서야, 나는 그 멈춰 있던 시간 속에서 깨어난다.

'룽지하오'에서 주로 가오빙糕餅(떡, 과자, 케이크), 구이귀龜粿(작은 원형 또는 타원형 모양의 중국식 과자로, 거북이 껍질 모양으로 만든다) 등을 만들어 판매하며 찹쌀가루, 녹두가루, 콩가루, 펑펜가루鳳片粉(찹쌀가루의 일종) 등의 식재료도 고루 갖추어 전통 제과업에 필요한 원료를 공급한다. 해마다 설날을 맞아 전통 가오빙에 대한 수요가 많을 때는 '룽지하오'의 매상이 오른다. 가게를 시작했던 초기에는 쌀가루뿐만 아니라 기름도 만들어 콩기름, 목화씨기름을 짜서 팔고 그 찌꺼기로 깻묵도 만들었다. 기름을 생산하는 대기업들이 생겨나자 시장에서의 경쟁력이 떨어져 30여 년 전부터는 기름 장사를 접었다.

제4대 린진청 사장은 학창시절부터 가게 일을 거들었다고 한다. 지금 66세쯤 되는 린 사장은 예술을 전공해서, 그가 가게를 물려받은 후에는 미학적인 관점에서 제품을 생산할 수 있게 되었다. 또한 전통적인 것에 대한 신뢰가 굳건한 그는 좋은 원료를 구매하여 좋은 제품을 만들어 옛 맛을 지키는 수문장이기도 하다.

'룽지하오'에서는 소매도 하고 있는데, 여러 차례 가게를 방문할 때마다 만드는 법을 물어보는 손님들이 많았다. 인내심이 많은 사장과 직원은 손님들이 집에 돌아가서 혹 실수를 할까 걱정되어서인지, 귀찮아하지 않고 여러 번씩 설명해 주곤 했다. 언젠가는 사장 부인이 테

이블에 있던 미샹米香(뻥튀기) 알갱이들을 보더니, 그 알갱이로 미샹추米香球를 만드는 이야기를 들려 주었다. 옛 풍속에 신부가 결혼하고 처음 맞이하는 음력 6월에 혼자 친정에 다니러 가는 것을 '셰러歇熱(더위를 피한다는 뜻)'라고 하며, 이때 시어머니는 며느리의 손에 친정집에 전해 줄 선물을 들려 보내는데, 그것이 바로 엿 등에 '미샹 알갱이'를 뭉쳐서 만든 전통 과자인 미샹추였다는 것이다. 또 한번은 사장 부인이 펑펜 가루로 녜몐런捏麵人(밀가루 공예)의 재료를 만들고 있는데 때마침 내가 방문하자, 귀여운 돼지 모양으로 만든 것 하나를 집어서 맛보라며 건네주었다. 먹어보니 예스러운 맛이 아주 신기했고 몸에 좋은 재료로 만든 전통의 맛이 느껴졌다. 유치원에서 이 재료들을 사서 아이들에게 만들기 놀이를 시키고 나서 완성하면 과자로 먹을 수도 있다고 사장부인이 말해주었다. 이렇게 재미있으면서도 맛있는 교재가 있다니!

린 사장은 가게에 있는 시간이 일정하지 않고, 한 달에 이틀만 나온다고 했다. 나는 다섯 번째 방문에서 그를 만날 수 있었다. 그날 오전, 그는 정성스럽게 커피 원두를 로스팅하고, 커피 향기 속에서 세심하게 커피를 내렸다. 하루 종일 바쁜 그에게는 그때만이 진정으로 삶을 즐길 수 있는 편안한 시간인가 보다.

펑펜녜몐런 만드는 법

펑펜펑 1근 (600그램)
설탕가루 1냥 (420그램)
물 반근 (300그램)

1. 재료를 용기에 넣는다.
2. 균일하게 휘저어 섞는다.
3. 녜몐런을 만들기 시작한다.

스랑 저택의 벽돌과 기와를 공자묘에 기부하다

가게 뒤편의 300년 된 낡은 저택은 예전에 스랑施琅(1621~1696)이 살던 집이었다. 룽지의 빨간색 뒷문 맞은편 완푸안萬福庵의 '자오창照牆'(밖에서 대문 안이 들여다보이지 않도록 대문을 가린 벽)이었다. 정성공의 부하 중 한 명인 란쥔이 전쟁에서 죽자 과부가 되어 대만에서 홀로 살게 된 그의 아내 란부인阮夫人이 완푸안에서 수절을 하며 절을 지켰다. 정씨왕국 멸망 후 스랑이 그 이웃에 와서 살게 되자, 란부인은 청군을 이끌고 와서 정씨왕국을 멸망시킨 스랑이 원망스러워 풍수로 그를 제압하고자 출입문을 스랑의 저택 방향으로 바꾸었다. 하지만 스랑이 자오창을 지어서 반격했다. 이런 사연을 가진 이 오래된 집은 아쉽게도 심각한 누수 현상을 보이는 데다가, 낡고 오래된 집을 보존하기가 쉽지 않아서 결국 20여 년 전에 철거되었다. 린 사장이 그때 오래된 벽돌과 기와를 공자묘를 지을 때 사용하도록 보냈다고 한다. 온화하고 조용한 성격의 린 사장은 이 사실을 다른 사람들에게 전혀 말하지 않았고, 이 역사적인 사연이 가득한 저택은 사진이나 그림도 남기지 않은 채 세월을 따라 역사 속에 묻혀 버렸다.

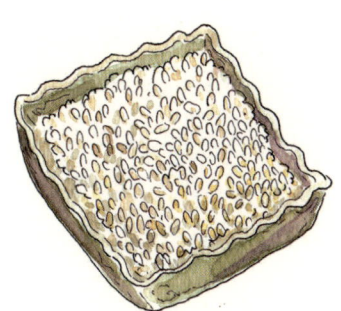

미샹알갱이

옷을 입은 전화기

흑두차 100위안
(임산부 불가)

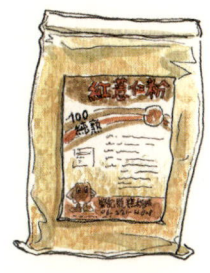

빨간 염주가루 100위안
건강에 나쁜 저밀도 콜레스테롤이
쌓이는 것을 막을 수 있다.

룽지 사장 부인이 만든 가오빙으로
깨로 만든 소가 들어 있다.

백 년 가게

룽지하오가오펀창 榮記號糕粉廠
🏠 台南市中西區永福路二段210號
☎ 06-2214028
🕐 09:00~18:30(일요일 휴무)

光彩繡莊

광차이슈좡
국보급 기술을
자랑하는
전통 자수 예술

푸청의 노련한 자수 사부는 매일 아침 커피 한 잔으로 하루의 일과를 시작한다. 윈먼우지雲門舞集(1973년에 설립한 타이난 최초의 전문 무용단으로 중화권 최초의 현대무용단이다)의 린화이민林懷民(1947~) 예술감독이 외국인 친구와 함께 가게에 방문한 적이 있었다. 중국 청두자수학교의 교장도 대만의 자수 문화에 대해 알아보려고 찾아오기도 했다. 자수가게는 이렇게 관심의 대상임에도 불구하고 자수공예는 대만에서 점차 잊혀지고 사라져 가는 것도 사실이다. 73세 노사부 린위취안은 많은 사람들에게 알려져서 이 민간예술이 후손들에게 계승되어 다음 세대에도 전통 자수의 아름다움을 느낄 수 있게 되기를 기대하고 있다.

실패
실감개

수작업 장인들

한 땀 한 땀 수를 놓는 시간은 자수 사부의 안목과 지구력을 시험하는 시간이다.

黃白泉

'아취안스 阿泉師'라고 불리는 린 사장은 타이난 안난구 예텐리 출신으로, 16세부터 사부에게 배우기 시작하며 3년 4개월을 채우고 정식으로 사부가 되었다. 자수를 시작한 지 60년. 아취안스는 어렸을 때부터 사장이 되는 게 꿈이었고 군대에서 제대를 한 후, '타이베이슈좡 台北繡莊'에서 10년 가까이 자수를 가르치다가, 결혼을 하고 타이난으로 돌아왔다. 35세 무렵에 창업자금을 마련해, 주문자 생산방식(OEM)으로 일단 '팡위안슈좡 芳苑繡莊'을 열었다. 솜씨

신메이제 노포 산책 **169**

가 좋고 가격도 합리적이어서, 한때는 10여 명의 직원을 두고 일을 하기도 했다.

자수 바늘이 비단 위를 오가며 수를 놓는 것을 보게 되면, 이 일을 맡은 사부들에게 훌륭한 안목과 섬세함이 요구된다는 사실을 알 수 있다. 공업화 시대가 되면서 중국의 염가 제품들이 밀려 들어오자, 그 충격으로 이 전통적인 예술은 점점 몰락하고 있다. 아취안스는 가게 장사와 자수산업의 미래를 곰곰이 생각해 보고, 일을 천천히 해야 정교한 작품이 나온다는 것을 깨달았다. 만약 전통 공예가 예술품으로 탈바꿈한다면, 작품의 예술적 지위를 높일 수도 있고 그 가격도 올릴 수 있다. 그래서 그는 운영방식을 바꾸고 주문자 생산방식에서 소매업으로 전환해, 42세부터는 인생을 더 빛나게 살아야 한다고 스스로를 응원하는 의미에서 '광차이슈짱 光彩繡莊'을 창업했다.

가게에 있는 자수 사부는 아취안스의 부인과 처제다. 두 분은 45년 넘는 자수 경력을 지닌 베테랑이자, '광차이슈짱'을 지키는 숨은 공신이다. 평일에 가게를 방문하면 그들이 장사하는 모습을 볼 수 있다. 두 사람이 화기애애하게 이야기를 나누며 일을 하고, 세계 각지의 많은 사람들에게 자신들을 '광차이슈짱'의 사부라는 사실이 알려져 있다는 걸 무척 기뻐하고 있다. 아취안스의 딸은 제2대로서 가게를 물려받을 준비를 하고 있다. 그리고 자수를 좋아하는 젊은 여성 한 명이 '광차이'에 들어와 견습생이 되었다. 젊은이들이 이 고된 작업에 입문하고 싶어하는 모습을 보니 무척 기쁘고, '광차이'의 빛나는 미래가 기대되었다. 자수 예술을 더 많은 사람에게 알리기 위해 '광차이'에서는 체험수업 과정도 개설했다. 사람들이 자수를 배우면서 그 아름다움을 느끼고, 그 과정에서 완성된 작품들을 파우치로 만들어준다. 푸청의 '슈차이 기념품'이 되는 것이다.

since 1983

광차이슈짱 光彩繡莊
🏠 台南市永福路二段186-3 號
☎ 06-2271253(06-2226208)
🕗 08:00~22:00(연중 무휴)

石精臼蔡家米糕

스징주차이자미가오
대나무 잎
향기가 나는 떡

> 먹거리 맛보기

차이蔡 집안의 미가오米糕(쌀떡)는 로컬스러운 입맛에, 옛 생활의 지혜와 옛 시대의 친환경적인 패키지 그대로 대나무 잎으로 미가오를 포장하는 방식을 사용, 미가오에 대나무 잎의 향기를 담아 그 향을 푸청에 수십 년 동안 전하고 있다.

제3대가 만든 쫑예바오

제1대 차이마오지 사장은 자이현에서 장사가 잘되는 유판油飯(참기름·간장·버섯 등으로 쪄낸 찹쌀밥) 노점을 보고 영감을 얻어 전통적인 유판의 요리법을 개선하여 찹쌀을 쪄서 익히고 러우짜오를 얹고 고수, 위쑹魚鬆(생선을 가공하여 분말 또는 풀솜 모양으로 만든 식품), 오이, 땅콩을 곁들여 먹으면 한입에 조금씩 아껴먹고 싶을 정도로 무척 맛있다. 처음에는 시먼 로터리에서 장사를 하다가 광복 이후 스징주로 옮겼다. 광안궁먀오청 앞에서 팔았는데, 나중에 다른 가게와 노점들이 따라와 함께 장사를 하면서 인기가 많아져 '스징주샤오츠石精臼小吃'를 형성하게 되었다.

차이 집안의 제1대는 미가오와 쓰선탕(한약재 4종을 넣은 보양식)만 팔았다. 손님들의 식생활 습관이 바뀌어가자 제2대는 하이찬저우海產粥(해산물 죽), 위피탕魚皮湯(물고기껍질탕)과 위두저우魚肚粥(손질한 물고기를 넣어 끓이는 죽) 등 손님들에게 다양한 메뉴를 제공해서 선택할 수 있게 했다. 제3대 차이스쩌 사장은 "우리는 미가오의 옛날 맛을 유지할 수 있도록 지금도 재료를 선택하고 요리하는 방식은 모두 할아버지의 레시피를 따른다."고 했다. 맞다, 이렇게 전통적인 맛을 지켜온 차이자미가오 3대 덕분에 87년 동안 '스징주샤오츠'의 찬란한 역사를 목격할 수 있었던 것이다.

since 1927
스징주차이자미가오 石精臼蔡家米糕
🏠 台南市中西區民族路二段230號
☎ 06-2209671 🕘 09:30~02:00(연중 무휴)

오래된 가게 노포에서 만난 사장님들……

원펑차좡 / 천위슝

스징주뉴러우탕 / 왕스산·양리주

짜이파하오러우쭝 / 장잉메이

허청판부항 / 쑹허쭈

허청판부항 / 왕슈메이

허청판부항 / 랴오중광

밍장다다미 / 훙스밍

후지몐관 / 후더안

신위전빙푸 / 커빙장

신위전빙푸 / 커천몐

미타오샹 / 천추펀

광싱러우푸뎬 / 천젠청

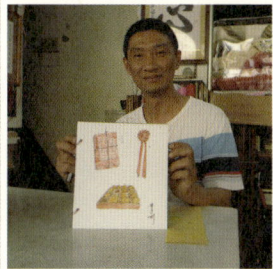
진위안룽시장 / 천칭빈

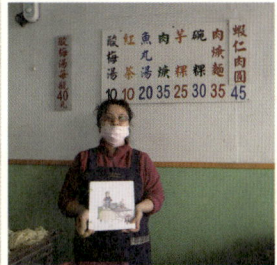
쑤자-젠궈샤런러우위안 / 쑤린

쭤텅즈이신촨 / 훙궈린

허청쉬안포쥐뎬 / 린옌허

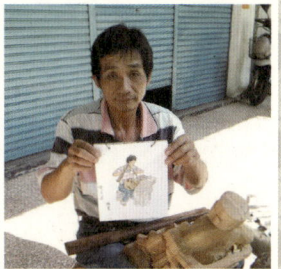
허청쉬안포쥐뎬 / 황원팅

서우후이멘잉캉반스 / 옌전파

왕취안잉즈좡 / 황슈전

량자오인둥과차 / 천융허

광차이슈좡 / 황바이량

광차이슈좡 / 황칭웨

우완춘샹푸 / 우보난

우완춘샹푸 / 천롄

우먀오러우위안 / 천수어·장팅자

진리하오 / 원치위

진취안청짜량항 / 왕시비

진취안청짜량항 / 왕둥린

진더춘차좡 / 린웨양

촨싱다다미 / 선훈취안

홍워터우단짜이몐 / 홍페이인

메이펑궁예위안랴오항 / 예잉링

궁허우제빙탄 / 황우슝·쑤수쯔

전싱셰항 / 궈서우싱

룽싱야첸뎬 / 우쉐위

이펑둥과차 / 린쑹산

이펑둥과차 / 린황위예

룽지하오가오펀창 / 린진칭

웨이쥔방댜오커옌주서 / 쑤진룽

웨이쥔방댜오커옌주서 / 천옌쥔

타이난 골목
노포 산책

초판 1쇄 발행 2021년 3월 10일 | 초판 2쇄 발행 2022년 4월 15일

글·그림 천구이팡 | 옮긴이 심혜경·설시혜
펴낸이 오연조 | **디자인** 성미화 | **경영지원** 김은희
펴낸곳 페이퍼스토리 | **출판등록** 2010년 11월 11일 제 2010-000161호
주소 경기도 고양시 일산동구 정발산로 24 웨스턴타워 T1 707호
전화 031-926-3397 | **팩스** 031-901-5122 | **이메일** book@sangsangschool.co.kr

한국어판 출판권 ⓒ 페이퍼스토리
ISBN 978-89-98690-55-7 13980

A TOUCH OF OLD TIME IN TAINAN(台南老店散步)
Copyright ⓒ 2014 by Chen Kuei-Fang
All rights reserved.
Published in agreement with Marco Polo Press c/o The Grayhawk Agency, through Danny Hong Agency
Korean translation copyright ⓒ 2021 by Sangsang School Publishing Co. Ltd

* 이 책의 한국어판 저작권은 대니홍 에이전시를 통한 저작권사와의 독점 계약으로 ㈜상상스쿨에 있습니다.
  저작권법에 의해 한국 내에서 보호를 받는 저작물이므로 무단 전재와 복제를 금합니다.

* 페이퍼스토리는 ㈜상상스쿨의 단행본 브랜드입니다.